Unterrichtsvorschläge
und Kopiervorlagen

Max Frisch

Homo faber

Helmut Flad

Inhalt

Konzeption und Aufbau   3

Einblicke: Figuren – Themen – Strukturen   4
     Die Welt des Romans in Bildern   4
     Chronologie der Ereignisse und Aufbau der Handlung   6
     Der Erzähler und seine Geschichte   8

Walter Faber und die Welt der Technik   10
     Der Homo faber als Typus   10
     Der Roboter und der Mensch als Konstruktion   12
     Die Gegenwelt Natur   14
     Die Indios und ihre Kultur in der Sicht Fabers   16

Walter Faber und das andere Geschlecht   18
     Männer und Frauen   18
     Fabers Verhältnis zu Ivy   20
     Walter Faber und Sabeth   22
     Der Protagonist und die Antagonistin: Walter Faber und Hanna   24

Die Welt des Mythos in Max Frischs „Schicksalsgeschichte"   26
     Zufall und Wahrscheinlichkeit   26
     „Zufälliges Schicksal": Bilder des Mythos und Figuren des Romans   28

Fabers Weg zu sich selbst   30
     Entwürfe: Wir und die anderen   30
     Die Abkehr von Amerika und der Versuch eines Neubeginns   32
     Das versäumte Leben und die Idee vom richtigen Leben   34

Max Frisch und die Rezeption seines Romans   36
     Der Schriftsteller Max Frisch und die Öffentlichkeit   36
     Spiegelungen und Variationen: Zur Rezeption des *Homo faber*   38

Zusatzmaterialien   40

Klausurvorschläge   47

Quellen- und Literaturverzeichnis   48

Max Frischs *Homo faber* ist ein Roman der klassischen Moderne. Er gehört seit langem zum schulischen Kanon und stößt, wie die Unterrichtspraxis zeigt, bei Schülerinnen und Schülern auf anhaltend starkes Interesse. Aufgrund seines Bedeutungsreichtums und seiner Komplexität in Struktur und Sprache lässt er sich in der Sekundarstufe II auf vielfältige Weise einzelnen Kurshalbjahren zuordnen.

Der Text der Suhrkamp BasisBibliothek enthält Materialien, die Schüler/innen und Lehrkräfte bei der Erarbeitung des Romans nutzen können: Wort- und Sacherläuterungen und einen ausführlichen Kommentar. Vorschläge, wie dieses Material sinnvoll eingesetzt werden kann, finden sich auf den folgenden Seiten.

Jugendliche Leser/innen zu Beginn des 21. Jahrhunderts sehen den Protagonisten des Romans gewiss mit anderen Augen als Frischs Zeitgenossen in den späten Fünfzigerjahren. Fabers tiefe Verwurzelung in der patriarchalischen Gesellschaft erscheint antiquiert angesichts der Veränderungen, die die Frauenbewegung seither auslöste; gleichwohl lohnt sich für die heutigen Schülerinnen und Schüler die Reflexion über die Problematik der Zweierbeziehungen, weil sie die Bedeutung geschlechtsspezifischer Rollenvorstellungen in ihrer eigenen Sozialisation erfahren. So kann der Roman einen wichtigen Beitrag zur Identitätsbildung leisten.

Auch Fabers Selbstverständnis als Ingenieur spiegelt den Geist der Fünfzigerjahre wider. Der Glaube an die Segnungen der Technik und den Fortschritt in der Geschichte hat alle Unschuld verloren. Menschen wie Faber, die sich als Macher und „Beherrscher der Welt" sehen und der Verführung des technischen Zeitalters erliegen, sichern und gefährden zugleich das Leben in der spät- und postindustriellen Gesellschaft.
Die Technologiedebatte unserer Tage zeigt, wie schon die Diskussion über die Nutzung der Atomenergie und über die Folgen der globalen Industrialisierung, dass ein Nachdenken über den Homo faber als Phänotyp der Epoche notwendig ist.

Mit einer Dringlichkeit, die Frisch nicht ahnen konnte, stellt sich heute die Frage nach den ethischen Normen des technischen Fortschritts. Wenn der Roman zur Reflexion über diese Problematik genutzt wird, zeigt sich auch darin seine Aktualität.

In diesem Sinne setzt die vorgeschlagene Unterrichtseinheit mit den Sequenzen 2 und 3 über den Techniker Faber und über die Geschlechterbeziehungen zwei wichtige Akzente. Der vorausgehende Teil ist als Einführung gedacht und schafft ein erstes Verständnis der Figuren, Themen und Strukturen.

In der Sequenz 4 wird als ergänzende Perspektive der in der neueren Forschung kontrovers diskutierte mythologische Deutungsansatz aufgegriffen.

Thema der Sequenz 5, die der Vertiefung und Problematisierung dient, ist Fabers Versuch der Selbstfindung.

Die Sequenz 6, in der es um den Autor und die produktive Rezeption des Romans geht, rundet die Einheit ab. In welchem Umfang diese Vorschläge realisiert werden können, hängt von der zur Verfügung stehenden Zeit, von der Kursart und nicht zuletzt von der Interessenlage der Schülerinnen und Schüler ab.

Über das Materialangebot des Medienpakets hinaus enthalten diese Unterrichtsvorschläge ergänzende Abbildungen und Texte, und zwar sowohl auf den Lehrer- und Schülerseiten als auch im Anhang. Diese Zusatzmaterialien (S. 40 ff.) betonen die fachübergreifende Perspektive bei der Erarbeitung bestimmter Themenkomplexe, dienen der Einordnung des Romans in den historischen Kontext und verdeutlichen seine Aktualität.

Beim Umgang mit dem *Homo faber* wird, wie die Arbeitsblätter zeigen, dem Prinzip der Methodenvielfalt Rechnung getragen; sie enthalten Vorschläge sowohl für analytische als auch produktionsorientierte Verfahrensweisen.

4

Die Welt des Romans in Bildern

Am Anfang der Beschäftigung mit dem *Homo faber* steht eine Bildbetrachtung. Die Collage enthält Bilder von Gegenständen, Menschen und Tieren, die wichtige Elemente der Handlung darstellen und darüber hinaus eine symbolische Bedeutung haben.

Bei der hohen literarischen Kodierung des Textes, in dem die Ereignis- und die Bedeutungsebene auf komplexe Weise miteinander verzahnt sind, führen die Einblicke in die Oberflächenstruktur zugleich zu ersten Einsichten in die Tiefenstruktur des Werkes.

Voraussetzung eines solchen Einstiegs in die Unterrichtseinheit ist die vorherige Lektüre des ganzen Romans. In einem Lesenotizheft können nach Absprache wichtige Beobachtungen zu Inhalt und Form sowie Fragen zum Text fortlaufend festgehalten werden.

Für den Einstieg sollte man eine Doppelstunde einplanen. Je nach Kurs empfiehlt es sich, die Auswertung der Collage mit einer Phase der Partnerarbeit zu beginnen und bei Bedarf Textstellen anzugeben. Darauf kann verzichtet werden, wenn es am Anfang vor allem um die Einschätzung der Stoffkenntnis und des ersten Textverständnisses sowie der Leseschwierigkeiten gehen soll.

Die Ergebnisse der Besprechung lassen sich in Stichworten – knapper als in der folgenden Übersicht für die Fachlehrer – tabellarisch zusammenfassen.

▶ 1 Handlungszusammenhänge

Flugzeug (B 1): Flugreisen Fabers im Rahmen seiner Berufstätigkeit in Amerika und Europa
Schlange (B 2): Schilderung des Schlangenbisses in der Ersten Station (S. 138_4–141_5 und S. 169_{31}–171_{15})

Zopilot (B 3): Reise Fabers mit Herbert in den Dschungel (S. 53_{18}–54_2, 57_{27}–58_{25}, 180_{1-6})
Ödipus und die Sphinx (B 4): Gespräch mit Hanna (S. 153_{30}–154_{20}). Gedanke der Selbstblendung im Zug nach Zürich (S. 208_{25}–209_9)
Schachspiel (B 5): Steck-Schach ständig in Fabers Reisegepäck. Partie mit Herbert (S. 24_{25}–25_{10}) und mit Dick (S. 62_{28}–63_7)
Spiegel (B 6): Szenen: Houston (S. 11_{21}–13_4), Paris (S. 105_6–107_{18}), Athen (S. 185_{22}–186_{32})
New York (B 7): Wohnsitz Fabers in Manhattan, Ivy-Handlung (S. 62_1–73_{31}), Party bei Williams (S. 175_{26}–178_{31})
Schreibmaschine (B 8): Arbeitsgerät Fabers. Berichte für die UNESCO; mit der Hermes-Baby auch Niederschrift des Romangeschehens in Caracas und Athen

▶ 2 Bedeutung

Überzeugung: Sicherheit der modernen Technik; Vertrauen zunächst ungebrochen
Schlange nach griechischer Vorstellung: Dienerin von Erddämonen wie den Erinnyen; symbolischer Hinweis auf den Inzest
Ekel- und Angstgefühle Fabers; gefräßige Aasgeier: wilde Natur, Zeichen des Todes
Distanzierung Fabers vom Mythen- und Schicksalsglauben gegenüber Hanna

Vorliebe Fabers für das Schachspiel wegen des intellektuellen Anspruchs; berechenbare Operationen; geringe Kommunikation
Traditionelles Spiegelmotiv. Beobachtung: körperlicher Verfall. Problem: Verdrängung
Großstadt New York: Inbegriff der modernen Zivilisation. Freiheitsstatue: Symbol für Fortschritt und Demokratie
Instrument für die Aufarbeitung der eigenen Lebensgeschichte, für die Suche nach der Wahrheit. Mythologische Bedeutung des Namens der Maschine

▶ 3 Themenschwerpunkte

Im Anschluss an die Bildbetrachtung kann der weitere Umgang mit dem Roman geplant werden. Folgende Themen, die sich aus der Bildanalyse ergeben und sich überschneiden, kommen als Schwerpunkte in Frage: Faber (B 5, 6, 7), Technik (B 1), Frauen (Ivy B 7, Sabeth B 2, Hanna B 4), Natur (B 2, 3), Mythos (B 4), Entwicklung Fabers (B 6), Erzähler (B 8).

Die Welt des Romans in Bildern

▶ **1** Welchen Handlungszusammenhängen lassen sich diese Bilder zuordnen?

▶ **2** Worin sehen Sie die Bedeutung der Bildinhalte?

▶ **3** Welche Themenschwerpunkte für die Analyse des Romans ergeben sich?

Chronologie der Ereignisse und Aufbau der Handlung

Max Frischs *Homo faber* ist erzähltechnisch ein Roman der Moderne, der nicht mehr wie in der traditionellen Epik vom Axiom der Darstellbarkeit der Welt in sukzessiven Handlungsverläufen und kohärenten Figurenentwicklungen ausgeht.

Zum Repertoire der klassischen Moderne seit der Jahrhundertwende gehören Verfahren wie die Montagetechnik, die Assoziationsketten und die Simultandarstellung, die unsere Schülerinnen und Schüler auch aus der neuen Medienwelt kennen.

Der zweite Teil der Einstiegssequenz ist das Bindeglied zwischen der vorausgehenden Bildbetrachtung und der folgenden themenorientierten Erarbeitung des Werkes. Es geht zunächst um den zeitlichen Ablauf der Ereignisse und den Aufbau des Romans; daran schließt sich als Schwerpunkt eine exemplarische Analyse der Erzählstruktur an.

Hilfen für die Lösung der ersten Aufgabe sind die Tabelle und die Karte (S. 40) im Anhang. (Vorschlag: Anfertigung eines Plakats zur späteren Orientierung)

Für die Bearbeitung der zweiten Aufgabe ist eine häusliche Vorbereitung notwendig. Die Übersicht wird in einem Tafelbild festgehalten, das Ergebnis der nachfolgenden Analyse am besten in einem Protokoll.

▶ 1 Der Aufbau der Handlung nach Schauplätzen (Ergänzungen)
Die Aufgabe wird wohl keine Schwierigkeiten bereiten. Eine solide Textkenntnis dürfte als Voraussetzung ausreichen.

▶ 2 Die Erzählstruktur des Anfangsteils (S. 7–35):

Chronologischer Ablauf (25. 3.–29. 3.)	**Durchbrechung der Chronologie**
Abflug von New York (S. 7_1–11_6)	(1) Traum Fabers (S. 16_{17-35})
Zwischenlandung in Houston (S. 11_7–15_9)	(2) Reflexion über Zufall und Fügung (S. 23_{10}–24_{10})
Weiterflug in Richtung Caracas (S. 15_{10}–20_{27})	(3) Reflexion über das Erlebnis der Natur (S. 25_{26}–27_8)
Notlandung in Mexiko (S. 20_{28}–23_9)	(4) Gespräch über Joachim und Hanna (S. 27_9–28_{12}, 30_6–34_{33})
Aufenthalt in der Wüste (S. 23_{10}–35_{18})	(5) Erinnerung an die Züricher Zeit (S. 35_{8-18})

Erzähltechnik:
Unterbrechung der fortlaufend-chronologischen Darstellung durch disparate Erzählelemente, diskontinuierliches Erzählen.
Formen der Aufhebung der Chronologie:
Rückblenden: erinnerte Vergangenheit (1, 5); Überblendungen: Überlagerung des gegenwärtigen Geschehens durch die Vergangenheit (4); Vorausdeutungen: Hinweise auf künftiges Geschehen in Form von Andeutungen (1, 2, 3, 4).
Integration der disparaten Erzählelemente in den Darstellungszusammenhang: Montagetechnik.

Erklärung für die Vorgehensweise des Erzählers:
Tagtraum Fabers im Flugzeug: Artikulation des Unbewussten, Ausdruck von Ängsten.
Situation in der Wüste: Unterbrechung von Fabers hektischem Lebensrhythmus, Zeit des Wartens und der Besinnung. Verunsicherung Fabers durch das unübliche technische Versagen des Flugzeugs, Rechtfertigungszwang im Hinblick auf Herberts Naturerlebnis; Konfrontation mit seiner Vergangenheit im Gespräch mit Herbert. Entsprechung zwischen der Erzählweise und der inneren Verfassung des Erzählers.

Chronologie der Ereignisse und Aufbau der Handlung

Die Ereignisse in chronologischer Abfolge

Erste Station

25. 3.	Abflug Fabers von New York
26. 3.	Aufenthalt in der Wüste
29. 3.–30. 3.	Faber mit Herbert in Campeche
31. 3.–5. 4.	Aufenthalt in Palenque
9. 4.–13. 4.	Fahrt zur Plantage und Rückkehr
19. 4.	Faber in Caracas
20. 4.	Abflug nach New York
22. 4.–30. 4.	Schiffsreise nach Europa
29. 4.	50. Geburtstag Fabers
1. 5.	Ankunft in Paris
13. 5.–25. 5.	Reise durch Frankreich und Italien
25. 5.–26. 5.	Überfahrt nach Korinth und Unfall
27. 5.	Wiedersehen mit Hanna in Athen
28. 5.	Fahrt zum Unfallort; Tod Sabeths
29. 5.	Faber in Paris

Zweite Station

31. 5.–1. 6.	Faber in New York
2. 6.	Reise über Caracas zur Plantage
20. 6.–8. 7.	Aufenthalt in Caracas
9. 7.–11. 7.	Faber in Havanna auf Kuba
15. 7.	Aufenthalt in Düsseldorf
16. 7.	Reise mit dem Zug nach Zürich
18. 7.	Ankunft in Athen
19. 7.	Faber im Athener Krankenhaus

Der Aufbau der Handlung nach Schauplätzen

Erste Station

> 1. Amerika

> 2. Schiffsreise nach Europa

> 3. Europa

Zweite Station

> 1. Amerika

> 2. Europa

▶ 1 Tragen Sie in diese Übersicht über Fabers Reisestationen die Länder und Orte ein.
Nehmen Sie dafür außer der chronologischen Tabelle auch die Karte über Fabers Reisen (vgl. S. 40) zu Hilfe.

▶ 2 Untersuchen Sie am Beispiel der Reise von New York nach Mexico-City, an welchen Stellen der Erzähler von der chronologischen Darstellung abweicht.
Ordnen Sie diese Passagen den verschiedenen Episoden zu und verdeutlichen Sie das Ergebnis in einem Strukturbild. Welche Erklärung haben Sie für die Vorgehensweise des Erzählers?

Der Erzähler und seine Geschichte

Die formale Komplexität von Max Frischs *Homo faber* zeigt sich nicht nur auf der Ebene der Komposition. Im zweiten Abschnitt dieser Teilsequenz wird der Blick auf weitere Aspekte der Erzählstruktur gelenkt, die für die Analyse des Romans wichtig sind.

Zunächst steht jedoch die Person des Erzählers im Vordergrund. Der Steckbrief kann in zwei Schritten erarbeitet werden; für die Anfertigung einer Inhaltsangabe ist ein Einzelauftrag geeignet (Kopie für den Kurs).

Am meisten Zeit dürfte die Bearbeitung der zweiten Aufgabe in Anspruch nehmen. Es geht hier um wichtige Aspekte des Erzählens: die Erzählsituation, das Schreibmotiv, die Textsorte und die Erzählperspektive.

Die Übersicht über die Zeitebenen des Romans kann dabei, als Folie präsentiert, zur Orientierung herangezogen werden (s. u.).

Je nach den Voraussetzungen des Kurses ist die Erläuterung des einen oder anderen Fachbegriffs notwendig. Die Bearbeitung dieser Aufgabe ist vor allem darauf ausgerichtet, Grundkenntnisse für die Textanalysen in den folgenden Sequenzen zu vermitteln.

▶ 1 Lösungsvorschlag für den Steckbrief (S. 35_{9-18}, S. 104_9–105_{36}, S. 107_{19}–108_{16})

Alter: 50 Jahre; geboren am 29. 4. 1907
Bildungsweg: Gymnasium mit Abitur als Abschluss, Studium an der Eidgenössischen Technischen Hochschule in Zürich, Assistent an der ETH von 1933 bis 1935
Jugendfreundschaften: Beziehung mit Hanna Landsberg, Trennung 1936; Freundschaft mit Joachim
Beruf und Einstellung zum Beruf: Maschinenbauingenieur; Ausübung des Berufs mit großer Gewissenhaftigkeit; Arbeit: Hauptinhalt des Lebens

Berufliche Position und Aufgabe: Faber verantwortlich für die Installation von Turbinenanlagen und die Leitung von Kraftwerken; Berufserfahrung aufgrund seiner Tätigkeit in verschiedenen Ländern; Angestellter der UNESCO, Führungsposition
Wohnsitz: New York; Wohnung in einer guten Wohngegend (Central Park West), jedoch häufige Abwesenheit wegen seiner Dienstreisen
Persönliche Situation: überzeugter Single; seit einiger Zeit Verhältnis mit der Amerikanerin Ivy; gesundheitliche Probleme

Die fünf Zeitebenen des Romans: Übersicht für eine Folie

1 Ältere Vergangenheit des Erzählers: Zeit vor dem 25. 3. 1957. Berufliche Aktivitäten und Privatleben in Zürich; Bericht über die Vorgeschichte in knappen Rückblenden.

2 Jüngere Vergangenheit des Erzählers: Zeit vom 25. 3. bis 29. 5. 1957. Rückblick von der Erzählgegenwart der Ersten Station auf die Ereignisse bis zum Tod Sabeths.

3 Erzählgegenwart der Ersten Station: Hotelaufenthalt Fabers in Caracas vom 21. 6. bis 8. 7. 1957. Rückblenden, Vorausdeutungen und Reflexionen.

4 Jüngste Vergangenheit: Zeit vom 31. 5. bis zum 18. 7. 1957. Erzählvergangenheit der Zweiten Station. Ereignisse von der zweiten Amerikareise bis zu Fabers Rückkehr nach Athen.

5 Erzählgegenwart der Zweiten Station: Bericht über die Zeit im Krankenhaus von Athen vom 19. 7. 1957 bis zum Tag der Operation.

▶ 2 Aspekte des Erzählens: Stichworte für ein gegliedertes Kurzprotokoll

– Schreibsituation: Bericht der Ersten Station (Caracas) nach Sabeths Tod, der Zweiten Station (Athen) vor Fabers Operation. Erzählen in der Vorahnung des eigenen Endes. Absicht: Rechenschaft und Rechtfertigung. Analytischer Roman, geschrieben „mit dem Sog zur Katastrophe hin".

– „Bericht": irritierende Gattungsbezeichnung; Indiz für das Bemühen um Genauigkeit und Glaubwürdigkeit des fiktionalen Erzählers. Berichte Fabers als Angestellter der UNESCO: pragmatische Texte; objektiv, sprachlich klar, sachlogisch gegliedert. Zweck: Information.

– Ich-Erzähler: Subjektivität, aber keine Eindimensionalität. Faber: Rollenfigur mit einer Rollensprache als Spiegel des technischen Bewusstseins, doch andere Sprache Fabers als erlebendes Ich.

Der Erzähler und seine Geschichte

Steckbrief

Alter:

Bildungsweg:

Jugendfreundschaften:

Beruf und Einstellung zum Beruf:

Berufliche Position und Aufgabe:

Wohnsitz:

Persönliche Situation:

Aspekte des Erzählens

„Der Witz des Buches, der Kniff, sagen wir mal, ist ja der: Es ist fast die unwahrscheinlichste Geschichte, die man sich ersinnen kann, nicht? Da ist wirklich ein Zufall nach dem andern: auf dem Schiff trifft er die Tochter, er trifft den Schwager seiner Frau. Gehen wir jetzt mal von der Kunst des Schreibens, also von der Literatur aus: Wenn ich das mit Schicksalsgläubigkeit erzählen würde, so würde jeder mit Recht nach fünfzehn Seiten aufla-chen und sagen: ‚Das auch noch! Hab' ich's mir doch gedacht! Und wen trifft er jetzt?' Und da trifft er die da. – Und der Witz daran ist, daß ein Mensch, der in seinem Denken die Zufälligkeit postuliert, eine Schicksalsgeschichte erlebt."

Max Frisch im Gespräch mit Schülern über die Geschichte
Walter Fabers

„Bericht mit dem Sog auf die Katastrophe hin, geschrieben mit dem Wissen um das Ende, d. h. um den Tod von Sabeth, aber nicht weiter."

Max Frisch im Entwurf von 1957 über seinen Roman

„Was ändert es, wenn ich meine Ahnungslosigkeit beweise, mein Nichtwissenkönnen! Ich habe das Leben meines Kindes vernichtet und kann es nicht wiedergutmachen. Wozu noch ein Bericht?"

Der Erzähler über sich selbst

▶ 1 Sammeln Sie wichtige Informationen über Walter Faber und erstellen Sie einen Steckbrief nach den vorgegebenen Gesichtspunkten.
Vergleichen Sie Ihre Ergebnisse und tragen Sie die gemeinsame Lösung in die Tabelle ein.
Fassen Sie die Geschichte, die der Erzähler aufzeichnet, knapp zusammen.

▶ 2 Aus den obigen Äußerungen des Autors und des Protagonisten lassen sich Fragen ableiten, die für das Erzählen von Geschichten wie die von Walter Faber grundlegend sind:
– In welcher Situation sind die Aufzeichnungen entstanden und welches Motiv liegt dem Schreiben zugrunde?
– Wie ist die Kennzeichnung des Romans als „Bericht" zu verstehen?

Der Homo faber als Typus

Thema dieser Sequenz ist das Selbstverständnis des Ingenieurs Faber. Er definiert sich als Verkörperung des zweckrationalen Denkens und Handelns und betrachtet seinen Beruf als einen spezifisch männlichen – Hannas „Bildnis" scheint sich mit seinem Selbstbild zu decken. In den Jahrzehnten nach dem Erscheinen des Romans hat die geschlechtsspezifische Komponente dieses Berufsverständnisses zweifelsohne an gesellschaftlicher Bedeutung verloren, doch ist der Typus des Homo faber angesichts der rasanten Entwicklung der Naturwissenschaften immer mehr in die Rolle eines Repräsentanten des technischen Zeitalters hineingewachsen.

Um die Beschreibung dieses Typus geht es im Anfangsteil der Sequenz. Fabers Denkweise wird am Beispiel der Abtreibungsproblematik sowie seiner Berufspraxis verdeutlicht.

Bei der Lösung der beiden ersten Aufgaben kann arbeitsteilig vorgegangen werden. Die eine Hälfte des Kurses schreibt als Hausaufgabe eine Einführung in die Lesung, die andere legt eine stichwortartige Zusammenfassung der Hauptargumente Fabers vor, die nach der Besprechung im Unterricht von einem/r Schüler/in in Thesenform ausformuliert werden. Beide Texte werden dem ganzen Kurs als Kopie ausgehändigt.

Die Aufgaben 1 und 2 dienen zugleich der Vorbereitung von Fabers Rede. Sicherlich ist es nützlich, wenn ein/e Schüler/in den Auftrag der Kurzinformation über die UNESCO übernimmt (Empfehlung: unter anderem Internet-Recherche). Mindestens zwei Reden sollten vorgetragen werden, damit eine vergleichende Besprechung möglich ist.

▶ **1** Stichworte für den einführenden Text

Gegensatz zum Tier: keine Spezialisierung des Menschen, keine dem Tier ähnliche Anpassung an die Umwelt

– Daseinsvorsorge mit Hilfe von Werkzeugen, Technik als Kompensation für Mängel in der Konstitution des Menschen
– Herrschaft des „Machers Mensch" über die Natur, Natur = Material, Objekt
– Stolz des Menschen auf seinen Erfindungsgeist und seine Leistungen, Vergleich mit Prometheus
– zweckrationales Denken, Gültigkeit des Prinzips der Kausalität
– Homo faber: typologisch der Gegensatz zum künstlerischen und religiösen Menschen
– Techniker = „Typus unseres Zeitalters"

▶ **2** Hauptargumente Fabers zur Rechtfertigung der Abtreibung

– Schwangerschaftsabbruch machbar aufgrund der Fortschritte in Medizin und Technik
– Gefahren: Übervölkerung der Erde und Kriege wegen der Knappheit an „Lebensräumen"
– geringerer Bedarf an Arbeitskräften: fortschreitende Automatisierung der industriellen Produktion
– Hebung des Lebensstandards wichtiger als Anstieg der Geburtenzahlen; Auflehnung des Mannes gegen die „Mutterschaft als wirtschaftliches Kampfmittel der Frau"
– unüberlegte Ehen aus Angst vor Abtreibung
– weder physische noch psychische Schädigung der Frau
– „Fortpflanzung" nicht Sache des „lieben Gottes" oder der Natur, sondern des Menschen: Verantwortungsbewusstsein, Selbstbestimmungsrecht und Menschenwürde
– Geburten: Frage der Planung, nicht des Schicksals; Mensch = „Beherrscher der Natur", Abtreibung = „Konsequenz der Kultur"

▶ **3** Aspektierungsvorschlag für die Rede Walter Fabers

– Aufgaben der UNESCO (Erzähler S. 10_{34}: „technische Hilfe für unterentwickelte Völker")
– Hebung des Lebensstandards durch die Verbesserung der Infrastruktur: Bau von Kraftwerken zur Stromerzeugung, Sicherung des Wasserbedarfs, Ausbau des
Verkehrswesens (Flugplätze, Straßen, Brücken), Förderung des Bildungswesens
– Notwendigkeit der Industrialisierung
– Glaube an den zivilisatorischen Fortschritt
– Zusammenarbeit mit der Regierung, Möglichkeiten der Kooperation

Der Homo faber als Typus

„Ich nannte sie eine Schwärmerin und Kunstfee. Dafür nannte sie mich: Homo faber."

Erinnerung des Erzählers an die Zeit mit Hanna (S. 50₁₉₋₂₁)

Definition nach einem Fachlexikon

„Homo faber: Diese typologische Charakterisierung des Menschen hebt bes. den Umstand hervor, dass der Mensch seine Existenz hauptsächlich in aktiver Auseinandersetzung mit der Natur sichert. Im Vergleich zum Tier weitgehend unspezialisiert, d. h. nicht an eine spezifische (Natur)umwelt gebunden, macht er – v. a. unter Zuhilfenahme von Werkzeugen – die ihn umgebende Natur zu seiner eigenen, selbst geschaffenen (Kultur)umwelt. Dabei wird das entsprechende produktive und sich am Erfolg orientierende Handeln nicht allein von äußeren Reizen veranlasst, sondern auch vom eigenen Denken, vom ‚Stellungnehmen‘ gegenüber der Natur bestimmt."

Schülerduden: Die Psychologie. Mannheim 1981, S. 142

Kennzeichnung des Typus durch Simone de Beauvoir

„Der Fall des Mannes liegt völlig anders; er ernährt die Gemeinschaft nicht nach Art der Arbeiterbiene durch einen einfachen Lebensprozess, sondern durch Handlungen, die über sein tierisches Dasein hinausgehen. Der *homo faber* ist seit Anbeginn der Zeiten ein Erfinder gewesen ...
Diesen Stolz bekundet er heute noch, wenn er ein Stauwehr, einen Wolkenkratzer, eine Atombombe schafft. Er hat nicht nur gearbeitet, um die vorgefundene Welt zu erhalten: Er hat ihre Grenzen gewaltsam ausgeweitet und das Fundament für eine neue Zukunft gelegt ...
In der Beziehung zwischen seinem schaffenden Arm und dem hergestellten Objekt erlebt er das Prinzip der Kausalität: Das gesäte Korn keimt oder keimt auch nicht, während das Metall immer in gleicher Weise auf das Feuer, das Härten, die mechanische Einwirkung reagiert; diese Welt der Gebrauchswerkzeuge lässt sich in klare Begriffe einschließen: Rationales Denken, Logik, Mathematik können nunmehr entstehen. Das Antlitz des Universums ist vollkommen verwandelt. Die Religion der Frau war an die Herrschaft der Landwirtschaft, des langsamen Reifens, des Zufalls, der Erwartung, des Mysteriums gebunden: Die des *homo faber* bedeutet den Beginn einer Zeit, die man wie den Raum überwinden kann, die Notwendigkeit des Entwurfes, der Tätigkeit, der Vernunft."

*Simone de Beauvoir: Das andere Geschlecht.
Hamburg 1951, S. 71 und S. 81*

Max Frisch in der Einleitung zu einer Rundfunklesung

„Homo faber – der Macher Mensch, Gegenteil dessen, der dichtet oder betet, der Mensch, der den Göttern das Feuer entrissen hat und sich als Schmied seiner eigenen Welt weiß, der Mensch als Herr über die Natur, der in der Natur nicht Symbole sieht, sondern Material, das er verwertet: Ein Techniker, ein Typus unseres Zeitalters, berichtet hier die letzten Stationen seines Lebens ..."

Schweizer Radio Zeitung vom 3.–9. 11. 1957, S. 11

▶ 1 Stellen Sie sich vor, Sie würden wie Max Frisch anlässlich einer Lesung von Passagen aus dem Roman die einführenden Worte sprechen und dabei den Typus des Homo faber vorstellen.
Lösen Sie diese Aufgabe, indem Sie die Erläuterung des Autors mit Hilfe der vorausgehenden Texte ergänzen.
Sie könnten mit Frischs letztem Satz beginnen.

▶ 2 In einer Passage der Ersten Station (S. 113₃₀–116₁₆) macht sich Walter Faber Gedanken über die Problematik der Abtreibung.
Welche Position nimmt er ein und wie begründet er sie?
Stellen Sie die Hauptargumente zusammen.

▶ 3 Walter Faber hält im Auftrag der UNESCO vor Regierungsvertretern Venezuelas eine Rede über Fragen der Entwicklungspolitik.
Verfassen Sie diesen Text und berücksichtigen Sie dabei Frischs Einführung in die Lesung sowie die Passage über die Abtreibung.

Der Roboter und der Mensch als Konstruktion

Zentrum und Bezugspunkt der zweiten Teilsequenz ist die Romanpassage über den Roboter (S. 80_6–81_{23}). Anhand dieses Beispiels wird die Beschäftigung mit dem Selbstverständnis des Ingenieurs Faber fortgesetzt.

Im Vergleich mit dem heutigen Stand von Wissenschaft und Technik zeigt sich, dass die technologische Entwicklung den Protagonisten des Romans längst überholt hat.

Die erste Aufgabe rückt den Textauszug in den Horizont der heutigen Schüler/innen. Nach dem hinführenden Gespräch kann die Passage in einer kurzen Stillarbeits-phase vom Kurs gelesen und wie vorgeschlagen untersucht werden. Die Ergebnisse lassen sich in einem übersichtlichen Tafelbild festhalten (s. u.).

Anschließend wird die Produktionsaufgabe vorbereitet. Beim Schreiben der Tagebuchaufzeichnung können die Schüler eigene Akzente setzen; die erläuternden Texte zur Ausstellung „Sieben Hügel" (Berlin 2000) und die Interviews mit den beiden Computerwissenschaftlern (S. 41) enthalten stoffliche Anregungen. Mit der Besprechung einiger Schülertexte wird diese Teilsequenz abgeschlossen.

▶ 1 Roboter in der Welt von heute und morgen

Roboter, die „den Menschenleib ersetzen", werden heutzutage zum Beispiel in der Automobilindustrie, in Kernkraftwerken oder in der Medizin verwendet. Nach der Prognose von Experten können die Roboter der zweiten Generation sich selbst steuern; ihr Einsatz ist beispielsweise im Baugewerbe, in der Textilbranche und der Landwirtschaft möglich.

▶ 2 Analyse des Textauszugs über den Roboter

In seinem naturwissenschaftlichen „Vortrag" geht Faber unter anderem auf den Entropiesatz ein. Anschließend gibt er Grundgedanken der Kybernetik wieder und beruft sich auf das Buch „Mensch und Menschmaschine" (1952) von Norbert Wiener. Faber vergleicht den Roboter als „Höchstgeschwindigkeitsrechenmaschine" mit dem Menschen.

Tafelbild

Vorzüge des Roboters

- Elektronen-Hirn: schneller und genauer als das Menschenhirn
- kann sich nicht irren
- Ergebnisse nicht durch Wünsche beeinflusst
- arbeitet nach der reinen Logik der Wahrscheinlichkeit
- wird von seinen eigenen Ergebnissen gesteuert
- spekuliert und träumt nicht
- hat keine Angst und keine Hoffnung
- erlebt nichts

Reaktion Sabeths

- zieht die Brauen hoch
- lacht
- findet Faber komisch

Fazit: Versuch Fabers, vorherrschende Vorurteile gegenüber dem Roboter auszuräumen; männliches Überlegenheitsgefühl. Distanz Sabeths gegenüber dem Technokraten Faber. Mehrfache Negationen: Mittel der Lesersteuerung, Selbstentlarvung des Erzählers durch seine Sprache.

▶ 3 Perspektive und mögliche Aspektierung der Tagebuchaufzeichnung Fabers

Selbstbestätigung Fabers durch den Ausstellungsbesuch – Robo sapiens: überragende Intelligenz, aber auch – in der Sicht von Ray Kurzweil – emotionale Fähigkeiten – Verschmelzung des alten Menschen mit „spirituellen Maschinen" – Faber auf der Seite Ray Kurzweils: Fortschrittsoptimismus – Gegenposition von Bill Joy: Warnung vor den Gefahren der neuen Technologien, Appell an die Verantwortung der Wissenschaftler – Forderung: Kontrolle und Begrenzung der Forschung – Faber für die Versuche der Prothetik und der Transplantationsmedizin: Behebung der Schwächen des „verfehlten Materials" der „Konstruktion Mensch", Kampf gegen den „Fluch des Fleisches" als Schicksal – keine Bedenken des „Machers Mensch" gegenüber gentechnischen Veränderungen – Mensch = modellierbare Masse und Konstrukt – Identität des Menschen in Fabers Sicht nicht gefährdet.

Der Roboter und der Mensch als Konstruktion

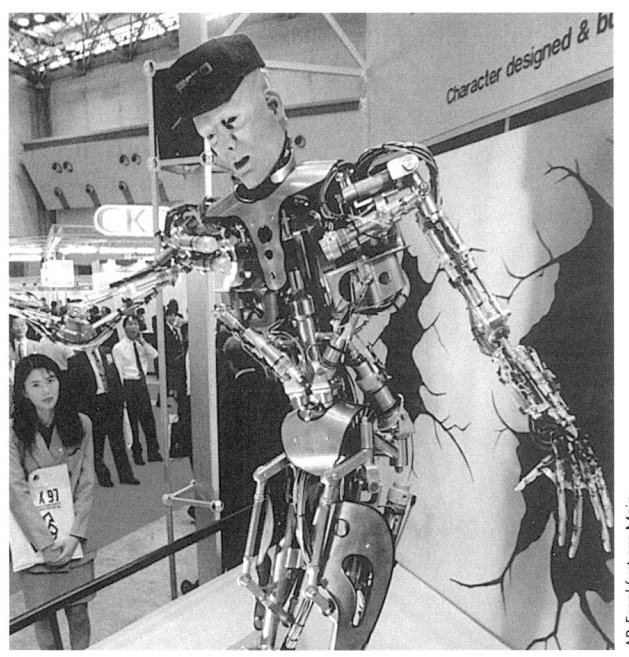

AP, Frankfurt am Main

„Die Primitiven versuchten den Tod zu annullieren, indem sie den Menschenleib abbilden – wir, indem wir den Menschenleib ersetzen."

Der Erzähler über die Roboter und die Skulpturen
als deren „Vorfahren", S. 84₃₋₅

„Überhaupt der ganze Mensch! – als Konstruktion möglich, aber das Material ist verfehlt: Fleisch ist kein Material, sondern ein Fluch. Technik statt Mystik!"

Der Erzähler über den Menschen
und seinen Körper, S. 186₃₀₋₃₂

Zwei Räume der Berliner Ausstellung
„Sieben Hügel. Bilder und Zeichen des 21. Jahrhunderts" (2000)

Bilder der Arbeit

„Maschinen als Symbole des industriellen Fortschritts gehören ebenso zum alten Eisen wie die Massenproduktion großer Industriekomplexe. Die Zukunft gehört der Automatisierung auf molekularer Ebene. Dieser Raum versteht sich als Andachtsraum einer abgelagerten Kultur: des kapitalistischen (Maschinen-)Zeitalters zum einen wie dessen Überwindungsversuch durch den Sozialismus zum anderen – einer Epoche, die erst vor kurzem endete, deren Bilder und Zeichen in unserer Erinnerung aber noch lebendig sind … Die Videos, die dort zu sehen sind, weisen – nicht ohne Ironie – auf eine kommende nanotechnologisierte Arbeitswelt hin. Wird uns ein unsichtbares Proletariat aus Naniten (Kleinst-Robotern) in einer nanotechnologisch erlösten Welt von den Mühen der Arbeit befreien?"

Baukasten Mensch

„Organtransplantationen sowie gen- und reproduktionstechnologische Experimente haben sowohl die Definitionsgrenzen des Individuums als auch die Grenzen zwischen Leben und Tod verschwimmen lassen.
Eine Körperindustrie droht, den Menschen zum Organersatzteillager zu machen. In Gestalt eines Memento mori wird in diesem Raum … zweierlei gegenübergestellt: das angestrebte ewige irdische Leben, dem jüngste Entwicklungen der modernen Medizin Vorschub leisten, sowie, im Kontrast dazu, die Unweigerlichkeit des Todes."

▶ 1 Wo werden heutzutage, zum Beispiel in Industrie und Medizin, Roboter eingesetzt?

▶ 2 Walter Faber hält während der Schiffsreise Sabeth einen „Vortrag" über naturwissenschaftliche Probleme (S. 80₆–81₂₃).
Untersuchen Sie, wie er seine Vorliebe für den Roboter begründet (vgl. dazu auch die Wort- und Sacherklärungen).
Wie bewerten Sie die Reaktion Sabeths?

▶ 3 „Ich kann mit Museen nichts anfangen", gesteht der Erzähler während der Italienreise (S. 117₄). Die Ausstellung „Sieben Hügel", so nehmen wir an, stößt bei ihm aber auf großes Interesse.
Nach dem Rundgang durch die beiden Räume der Abteilung „Zivilisation" verfasst er eine Tagebuchaufzeichnung. (Vgl. auch die Interviews mit Ray Kurzweil und Bill Joy, S. 41.)

KOPIERVORLAGE 5

Die Gegenwelt Natur

Die dritte Teilsequenz rückt die Natur als Gegenwelt in den Blick. Im Zentrum steht die Begegnung des Protagonisten mit der Natur in ihrer elementarsten Form, dem Dschungel. Die Reise führt ihn von New York als dem symbolischen Ort der modernen Zivilisation in den Urwald von Mexiko und Guatemala, an das „Ende der Zivilisation". Der „Beherrscher der Natur" erfährt hier die Ohnmacht gegenüber der feindlichen Natur und die eigene Kreatürlichkeit. In Gestalt des toten Joachim wird Faber zudem mit seiner Vergangenheit konfrontiert.

Bei der ersten Aufgabe wird die Methode des Mind-Mapping als Mittel der Reflexion über Technik und Natur im *Homo faber* genutzt. Die fertige Mind-Map zeigt die dualistische Struktur von Fabers Denken.

Nach der Auswertung der „Gedanken-Landkarte" wird mit der Analyse der Passage über die Rückkehr von der Plantage (S. 73_{32}–75_5) ein Schwerpunkt gesetzt (Aufgabe 2).

Vorab sollte die Schilderung dieser Episode in den Handlungs- und Erzählzusammenhang eingeordnet werden.

Besonders hevorzuheben ist, wie die Passage als Rückblende im Erzählvorgang platziert ist.

Der Textauszug sollte zur Einstimmung vorgelesen werden; dadurch wird die Anschaulichkeit des Stils besonders bewusst. Bei der Erarbeitung des Textes kommt es vor allem auf die genaue Analyse der Sprache an. Zur Vorbereitung der Stunde haben die Schülerinnen und Schüler die vorkommenden Vergleiche zusammengestellt; sie werden auf einer Folie fixiert (s. u.). Anschließend geht es vor allem um die Frage, wie sich Fabers Verhältnis zur Natur und zu sich selbst in der bildhaften Sprache spiegelt.

Hier könnten noch weitere Textstellen herangezogen werden: die Passagen über die Zugfahrt nach Palenque (S. 37_{34}–39_{32}) und den Aufenthalt auf der Plantage (S. 57_3–59_{14}). Diese als Ergänzung gedachten Einzelbeiträge orientieren sich am besten an Leitfragen: Wie erlebt Faber den Dschungel bei der Fahrt mit dem Zug? Welche Erfahrungen macht er auf der Plantage?

▶ 1 Mind- Map Technik und Natur

Bereich Technik: Verkehrsmittel → Flugzeug – Eisenbahn – Schiff – Auto
Gebrauchsgegenstände → Rasierapparat – Telefon – Schreibmaschine – Kamera
Maschinen → Turbine – Roboter

Bereich Natur: Landschaften → Wüste – Dschungel – mediterrane Landschaft (Provence, Italien, Griechenland)
Tiere → Zopilote – Büffel – Käfer – Molche – Schlangen
Vergleich: Positive bzw. negative Bewertung der Phänomene der linken bzw. rechten Hälfte. Technizistisches Weltbild Fabers: Dualismus Technik – Natur.

▶ 2 Analyse der Passage über die Rückfahrt von der Plantage

Arbeitsergebnisse auf Folie	
Schilderung des Dschungelerlebnisses	**Fabers Innenwelt**
– finstere Nacht, Regenfälle „wie eine Sintflut"	
– der Regen „eigentlich keine Gefahr, sachlich betrachtet"	
– Faber im Landrover nackt „wie in der Sauna", „nass von Schweiß und Regen und Öl, schmierig wie Neugeborene"	– Gefühl der Ohnmacht und Angst
	– Grauen angesichts von Geburt und Tod in der Natur
– die Erde ein Meer von Schlamm, „glitschig wie Vaseline"	
– „Verwesung voller Keime", „Tümpel im Morgenrot wie Tümpel von schmutzigem Blut, Monatsblut"	– Ekel vor dem weiblichen Geschlecht
– „Tümpel voller Molche", „wie ein Gewimmel von Spermatozoen"	

Fazit: Dschungel = Seelenlandschaft, symbolischer Ort der elementaren Natur.
Bilder und Vergleiche = Projektionen von Fabers Innenwelt, Indikatoren der Verdrängung des Kreatürlichen und Irrationalen.
Missverständnis von „terre" und „mort" als weibliches Prinzip.

Die Gegenwelt Natur

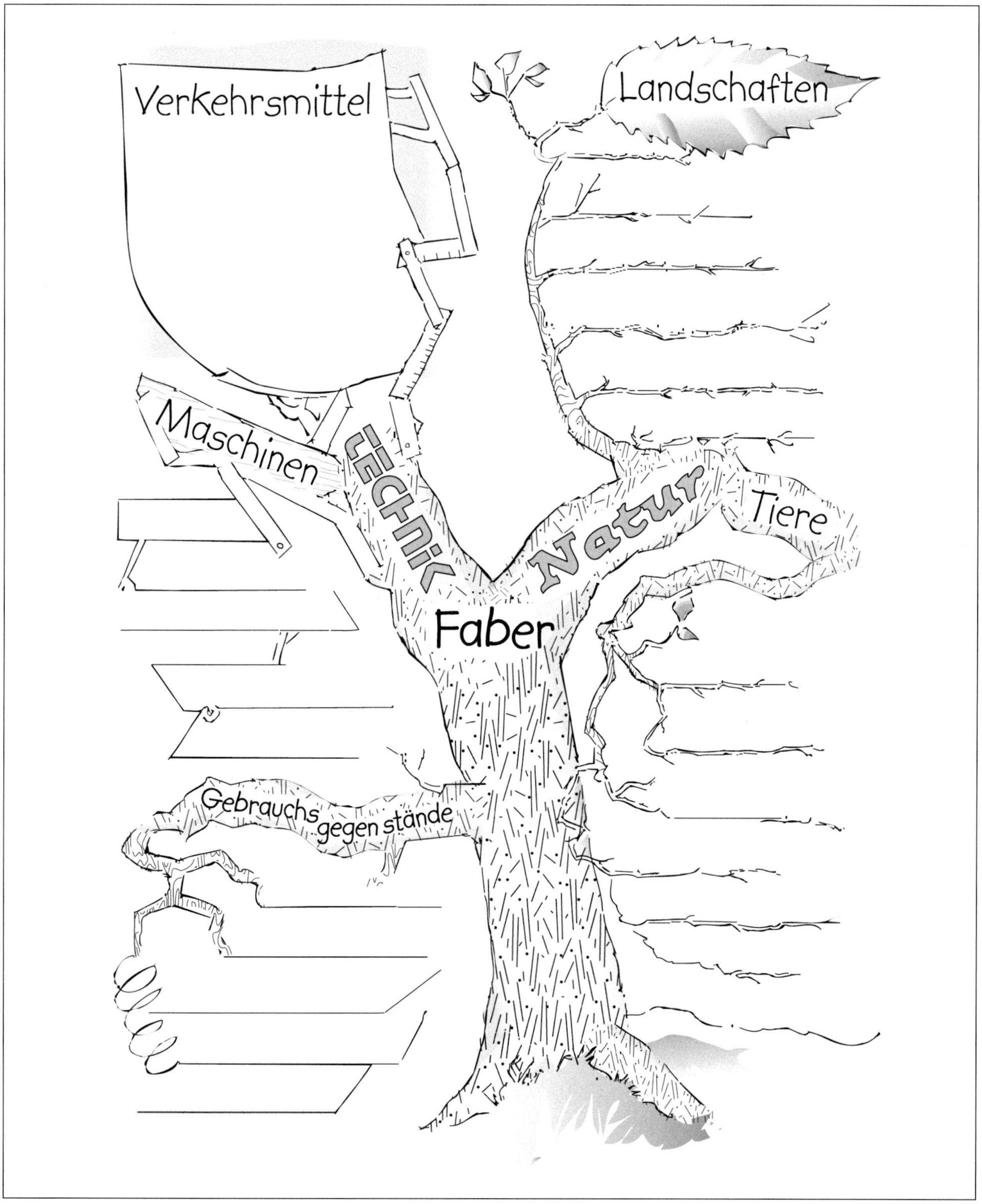

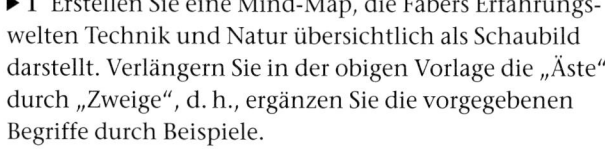

Verkehrsmittel

Landschaften

Maschinen

Technik

Natur

Tiere

Faber

Gebrauchsgegenstände

▶ 1 Erstellen Sie eine Mind-Map, die Fabers Erfahrungswelten Technik und Natur übersichtlich als Schaubild darstellt. Verlängern Sie in der obigen Vorlage die „Äste" durch „Zweige", d. h., ergänzen Sie die vorgegebenen Begriffe durch Beispiele.
Welche Rückschlüsse im Hinblick auf Fabers Einstellung ergeben sich aus dem Vergleich der beiden Hälften dieser „Gedanken-Landkarte"?

▶ 2 Analysieren Sie die Passage, in der Faber die Rückfahrt von der Plantage durch den Dschungel schildert (S. 73$_{32}$–75$_5$).
Wie spiegelt sich die Innenwelt des Erzählers in seiner Sprache?

Walter Faber und die Welt der Technik

Die Indios und ihre Kultur in der Sicht Fabers

Der Ingenieur Faber, der in Mexiko und Guatemala den Dschungel als Gegenwelt der Technik erlebt, demonstriert dort auch seine Distanz gegenüber der Welt der Indios und ihrer Geschichte.

Zu einer Begegnung mit der fremden Kultur ist er nicht fähig, weil sein Glaube an die Überlegenheit der modernen Zivilisation ihn daran hindert.

Dies deutlich zu machen, ist die Zielsetzung, die mit den beiden analytischen Aufgaben verbunden ist.

Der dritte Arbeitsvorschlag knüpft an Fabers Rede vor Regierungsvertretern Venezuelas an. Mit Marcels Zeitungsartikel wird ein Perspektivenwechsel vorgenommen; sein Gegentext relativiert die Position des UNESCO-Angestellten Faber.

▶ 1 Lesung und Analyse der Passagen über die Indios

Die Vorbereitung der Lesung wird am besten einer Arbeitsgruppe übertragen. Drei Kursmitglieder übernehmen die Lesung der Texte, zwei wählen die Musik aus und präsentieren sie (Indio-Musik als Kassette oder CD in Stadtbüchereien ausleihen).

Die Ergebnisse der Analyse werden – wie auch bei Aufgabe 2 – protokolliert:

1. Faber hält die Indios für ein „weibisches Volk", das zu einer Revolte überhaupt nicht fähig ist. Dieses klischeehafte Bild wird an späterer Stelle durch die indianischen Arbeiter auf der Plantage bestätigt. Sie akzeptieren Herbert willig als neuen Herrn. Auf die revolutionäre Tradition, die gerade in Chiapas lebendig ist (Zapatisten), geht der Erzähler gar nicht ein. Fabers und Herberts Verhalten zeigt deutliche Züge einer ungebrochenen europäischen Herrenmentalität einem Volk gegenüber, das

zu Beginn der Kolonialzeit von den spanischen Eroberern unterdrückt und zum großen Teil vernichtet wurde.

2. Der Erzähler porträtiert die indianische Wirtin der Pinte in Palenque in wenigen Sätzen als – nicht unsympathische – „Matrone". Sie wird, wie verschiedene sprachliche Signale zeigen, dem Bereich „terre" zugeordnet und erinnert an die „dicke Negerin" auf dem Flughafen von Houston. Beide sind dem Protagonisten als Verkörperung urwüchsiger Mütterlichkeit nicht geheuer.

3. Beim indianischen Vollmondfest legt Faber ein deutliches Desinteresse an den Tag. Während der „Tanzerei" überholt er den Motor des Landrovers, die irritierende Musik kann er aber nicht überhören. In der stark abwertenden Ausdrucksweise des Erzählers zeigt sich ein von Vorurteilen geprägtes Denken, das Elemente einer fremden Alltagskultur als „Folkore" missversteht.

▶ 2 Faber und die Kultur der Maya

In Palenque besichtigt Faber die Ruinenanlagen „aus purer Langeweile". Den Musiker Marcel, der dort archäologische Studien betreibt, kann er nicht ernst nehmen – er ist der geistige Bruder der „Kunstfee" Hanna. Fabers Urteil über die altamerikanische Kultur entspricht seinem technokratischen Denken. Einerseits erkennt er das große Wissen der Maya in Mathematik und Astronomie an,

andererseits findet er ihre Bauweise primitiv. Wie Faber resümierend feststellt, ist die Kultur eines technisch unbegabten Volkes dem Untergang geweiht. Er verkennt jedoch völlig, dass diese Kultur nur vor dem Hintergrund des Mythos zu verstehen ist. Die Vorstellung von einem Leben, das im Einklang mit dem Willen der Götter und der Ordnung der Natur steht, bleibt ihm fremd.

▶ 3 Reportage Marcels

Der vorgeschlagene Teil der Reportage, den die Schülerinnen und Schüler verfassen, sollte von Marcels Aufenthalt in Palenque ausgehen. Beim Schreiben des Artikels können die folgenden Aspekte berücksichtigt werden: Marcels Begeisterung für die Maya, sein Verständ-

nis für die heutigen Indios, die Kritik an Technizismus, Fortschrittsglauben und Industrialisierung. Im Hinblick auf die amerikanische Leserschaft und den Auftraggeber muss der Verfasser taktisches Geschick beweisen.

Die Indios und ihre Kultur in der Sicht Fabers

„Wenn man den Kopf zur Seite dreht, um nicht immer diesen Milchglashimmel zu sehen, meint man jedes Mal, man sei am Meer, unsere Pyramide eine Insel oder ein Schiff, ringsum das Meer; dabei ist es nichts als Dickicht, uferlos, grün-grau, platt wie ein Ozean – Dickicht!"

Blick des Erzählers auf die Ruinenanlagen von Palenque, S. 46$_{29-33}$

Corbis Images

Der Tempel der Inschriften von Palenque

„Ihr besonderer Reiz liegt in der Verschmelzung tropischer Waldlandschaft mit fremdartiger Architektur, die dem Besucher noch heute verständlich macht, warum gerade Palenque die Fantasie der Forscher immer wieder aufs Neue anregte … Entdeckt wurden die Ruinen zwar schon durch den spanischen Pater Ordonez y Aguiar, aber noch lange waren die im Urwald versunkenen Tempel und Pyramiden von Geheimnissen umwittert und gaben Anlass zu wilden Spekulationen über die Herkunft ihrer Bewohner. In der damals üblichen eurozentrischen Vermessenheit konnte man sich nicht vorstellen, dass ein altamerikanisches Volk diese kulturellen Leistungen vollbracht haben könnte, und schrieb die Bauten fremden Einwanderern zu."

Hans-Joachim Aubert: Yucatán Chiapas. Köln 1994, S. 166–167

▶ 1 Planen Sie eine Lesung von drei Passagen des Romans, in denen die Indios beschrieben werden (S. 41$_{1-11}$, S. 42$_{27}$–43$_5$, S. 48$_{11-34}$), und verbinden Sie die Texte mit passender Musik.
Arbeiten Sie im Anschluss an die Lesung heraus, welches Bild die Auszüge von den Indios vermitteln.

▶ 2 Walter Faber kommt in Palenque mit der Kultur der Maya in Berührung.
Untersuchen Sie, was er wahrnimmt und wie er urteilt (S. 44$_{33}$–46$_{15}$).

▶ 3 In Palenque lernt Faber den Musiker und Amateurarchäologen Marcel kennen, der ihn auf der Fahrt zur Plantage mit seinen Ansichten immer wieder provoziert (S. 54$_{3-27}$).
Der junge Musiker aus Boston, so nehmen wir an, hat von der Lokalzeitung den Auftrag erhalten, eine Reportage über seine Erlebnisse zu schreiben.
Verfassen Sie den Teil der Reportage, in dem Marcel auf die Kultur der Maya und – ohne Fabers Namen zu nennen – auf die Wertvorstellungen von Vertretern der modernen Industriegesellschaft eingeht.

KOPIERVORLAGE

17

7

Männer und Frauen

Mit dem Dualismus Technik–Natur korrespondiert der Dualismus Mann–Frau. Dies zeigte sich bereits bei der Analyse der Passagen über die Abtreibung, den Dschungel und die Indios.

In der dritten Sequenz rückt nun die Problematik der Geschlechterbeziehungen in den Mittelpunkt. Hier geht es zunächst allgemein um die Rollenvorstellungen Fabers. Auf die Beschreibung seines Männer- und Frauenbilds folgt dessen Erklärung mit Hilfe von Zusatztexten; am Ende steht eine Diskussion des Problems aus heutiger Sicht.

▶ 1 Fabers Bild von Mann und Frau

Männer	Frauen
– Beruf des Technikers: männliche Domäne – rational, sachorientiert, realistisch – Lebensinhalt: Arbeit – Wert der Unabhängigkeit, Wohnen ohne Partner „der einzigmögliche Zustand für Männer"; Single-Existenz bevorzugt – vorausschauendes Denken	– mangelndes Verständnis für Technik – gefühlsbestimmt, Nähe zum Mystischen – Glück nur in der Bindung an einen Partner vorstellbar, trotz der Anlage zum Unglücklichsein – Ivy = Efeu: symbolischer Name für alle Frauen – Bindung an die Vergangenheit

Denkmuster Fabers: polarer Gegensatz zwischen männlichen und weiblichen Geschlechtsmerkmalen, klischeehafter Geschlechterdualismus. Reduktion der Komplexität des Lebens auf vereinfachende Stereotypen.
Bewusstsein Fabers: männliche Überlegenheit – weibliche Unterlegenheit

▶ 2 Faber als Vertreter der Single-Gesellschaft: Arbeitsergebnisse in Stichworten

1936 Annahme einer Stelle in Bagdad, Vorrang des beruflichen Interesses gegenüber der Partnerschaft mit Hanna; Leben Fabers in New York seit 1946: „Mann in leitender Stellung" bei der UNESCO, keine dauerhafte Partnerschaft; Gründe für Fabers Single-Dasein: Berufstätigkeit, aber auch Struktur der Persönlichkeit; Erfahrung von Einsamkeit, Fehlen richtiger Freunde, Entschluss zur Trennung von Ivy bereits zu Beginn der Romanhandlung

▶ 3 Zusammenfassung des Textes von Mona Knapp in Stichworten

Faber = Konformist, Anhänger des kapitalistischen Systems und Interessenvertreter der westlichen Industrieländer; „Durchschnittsvertreter der männlichen Technokratie der fünfziger Jahre", Verteidigung der traditionellen Rangordnung der Geschlechter; antikapitalistische und feministische Position

▶ 4 Walter Faber vor dem Hintergrund des Rollenwandels der letzten Jahrzehnte

Der Text von Herrad Schenk, der den mentalitätsgeschichtlichen Wandel in verschiedenen Aspekten thematisiert, ermöglicht einen distanzierten Blick auf den Protagonisten und ist als Grundlage für eine Diskussion über die heutigen Entwicklungstendenzen geeignet. In einem möglichst offenen Meinungsaustausch sollten die eigenen Positionen der Schülerinnen und Schüler zum Ausdruck kommen.

Männer und Frauen

> „Ich habe mich schon oft gefragt, was die Leute eigentlich meinen, wenn sie von Erlebnis reden. Ich bin Techniker und gewohnt, die Dinge so zu sehen, wie sie sind … Wozu weibisch werden?" (S. 25$_{26-28}$, S. 26$_8$)
>
> „Ich konnte sie nicht einmal um Zustellung von Filmen bitten und war mir bewußt, daß Ivy, wie jede Frau, eigentlich nur wissen möchte, was ich fühle, beziehungsweise denke, wenn ich schon nichts fühle…"(S.32$_{12-15}$)
>
> „Ich stehe auf dem Standpunkt, daß der Beruf des Technikers, der mit den Tatsachen fertig wird, immerhin ein männlicher Beruf ist, wenn nicht der einzigmännliche überhaupt."(S. 83$_{23-26}$)

Faber in der Sicht einer Literaturwissenschaftlerin

„Anhand der Betrachtung von Walter Fabers Beziehungen zu Frauen wird evident, dass er von Natur aus ein Anpasser und Konformist ist, der sich nicht nur an die bestehenden Herrschaftsverhältnisse anlehnt, sondern sie mit Entschlossenheit unterstützt. Es versteht sich: Affirmation der Rangordnung der Geschlechter ist nur *eine* Seite der allgemeinen vertikal-hierarchischen Orientierung. Mit Walters Amerikanisierung geht eine blinde Hörigkeit gegenüber dem kapitalistischen System einher. Jeden, der sein Misstrauen erweckt – Hanna, Piper, Marcel –, verdächtigt er ‚kommunistischer' Neigungen. Sein Verhältnis zum Geld ist auf der anderen Seite von keinem Zweifel angekränkelt …

Aus alledem folgt, dass für Walter Faber, einen Durchschnittsvertreter der männlichen Technokratie der fünfziger Jahre, wenig Unterschied besteht zwischen Frauen, Indios, Kubanern, Schwarzen, jungen und alten Leuten: Sie alle gehören der großen Minorität an, der es beschieden ist, die Überlegenheit des Technikers ebenso stillschweigend anzuerkennen wie ihr eigenes Unterlegensein. Ihre Aufgabe ist es, sich im Namen des Fortschritts, letzten Endes aber im Interesse der Zementierung bestehender Machtverhältnisse, der ‚Nutzbarmachung' durch überlegene Intelligenz zu fügen: Das heißt nichts anderes, als dem Zuwachs an Kapital und Macht für die herrschenden Klassen der hochentwickelten westlichen Länder dienstbar zu sein. Faber ist, wie dies in der Forschung vielfach betont wurde, in der Tat blind. Blind gegenüber den Rollenzwängen, denen er selbst unterliegt, und blind für die Bedürfnisse und das Leiden derer, die nicht mitspielen wollen oder können."

Mona Knapp: Moderner Ödipus oder blinder Anpasser?
In: Frischs Homo faber. Hrsg. von Walter Schmitz.
Frankfurt am Main 1983, S. 203–204

▶1 Beschreiben Sie auf der Grundlage der obigen Selbstaussagen und der Reflexionen während des Balls auf dem Schiff (S. 98$_{13}$–101$_1$) Fabers Bild von Mann und Frau.
Halten Sie die Ergebnisse tabellarisch in kontrastierender Form fest.

▶2 Überprüfen Sie, ob der Protagonist des Romans im Sinne der Ausführungen von Ulrich Beck (S. 42) als Prototyp der „Single-Gesellschaft" gelten kann.
Wie sehen Sie die Ursachen und Folgen von Walter Fabers Single-Dasein?

▶3 Fassen Sie thesenartig die Aussagen Mona Knapps über die politische Grundhaltung Fabers und sein Selbstverständnis als Mann zusammen.
Wie beurteilen Sie den Standpunkt der Verfasserin?

▶4 Ordnen Sie den Protagonisten mit Hilfe des Textes von Herrad Schenk (S. 42) in die Mentalitätsgeschichte der letzten Jahrzehnte ein.
Wie sehen Sie selbst die heutigen Entwicklungstendenzen?

Fabers Verhältnis zu Ivy

In dieser Teilsequenz werden die geschlechtsspezifischen Rollenvorstellungen Fabers am Beispiel seines Verhältnisses zu Ivy überprüft. Als Hausaufgabe liest der ganze Kurs die beiden wichtigsten Ivy-Passagen (S. 32$_1$–33$_{31}$, S. 62$_6$–73$_{31}$). Ein Fragebogen liefert erste Informationen über das amerikanische Model; darüber hinaus gibt die Reflexion über ihren Charakter weiteren Aufschluss. Beide Aufgaben bereiten, ebenso wie die nachfolgende Analyse, den produktiven Umgang mit den Erzählpassagen vor.

In der Stunde danach kann auf der Grundlage der Texte (Aufgabe 4: Schüler, Aufgabe 5: Schülerinnen) die Beziehung Fabers zu Ivy abschließend erörtert werden.

▶ **1** Lösungsvorschlag für das Kurzporträt (Stichworte)

Alter: 26 Jahre
Gründe für die Wahl des Berufes: gute Figur als wichtige Voraussetzung; gutes Einkommen; Begegnung mit interessanten Leuten
Familiäre Situation: verheiratet mit einem Washingtoner Beamten
Kindheit: stammt aus der Bronx, einem Stadtteil nördlich von Harlem; als Straßenkind aufgewachsen, Eltern geschieden

Einstellung zur Religion: Katholikin; duldet Witze über den Papst nicht
Lieblingsauto: Studebaker
Lieblingsfarbe: tomatenrot
Aktivitäten am Wochenende: Kino, Ausflüge zur Insel *Fire Island*

▶ **2** Einschätzung von Ivys Charakter

Der Erzähler zeichnet nur in Umrissen ein Bild des Models. Bei der ersten Einschätzung werden die Schülerinnen und Schüler die meisten Attribute für mehr oder weniger zutreffend halten. Überprüft man bei der genaueren Textarbeit (Aufgaben 3 bis 5) die genannten Charaktermerkmale an Ivys Verhalten, so wird es bei der Zuordnung und Bewertung sicherlich einen gewissen Spielraum geben.

▶ **3** Fabers Einstellung zur Sexualität und sein Verhältnis zu Ivy

Mit der körperlichen Vereinigung von Mann und Frau bringt Faber Begriffe wie „absurd" und „pervers" in Verbindung – deutliche Signale eines gestörten Verhältnisses zur Sexualität. In seiner Rolle als „Beherrscher der Natur" versucht Faber zwar, den „Trieb" zu verdrängen, doch die Erfahrung der eigenen Verführbarkeit demonstriert ihm immer wieder, dass die Selbstkontrolle nicht funktioniert. Zu einer völligen Hingabe scheint er nicht fähig. Wenn er Ivy umarmt, wirkt er unbeteiligt. Bei der Kurzanalyse dieser Passage sollte vor allem Fabers mangelnde Sensibilität deutlich gemacht werden.

▶ **4** Fabers Abschiedsbrief an Ivy

Einen Abschiedsbrief zu schreiben, der die Empfängerin nicht verletzt, fällt Faber nicht leicht. Die Schüler können die Anregungen des Erzählers aufgreifen und zunächst kurz über die Notlandung und den Aufenthalt in der Wüste berichten. Wenn sie die Gründe für die Trennung darlegen, identifizieren sie sich mit dem Protagonisten und kommen auf seine Erfahrungen mit Ivy zurück. Dabei wird es darum gehen, einerseits „sauberen Tisch zu machen", andererseits einen angemessenen Ton zu finden.

▶ **5** Innerer Monolog Ivys

Der Text der Schülerinnen relativiert die Sicht des Ich-Erzählers und gibt Fabers Partnerin das Wort.
Schreibanregungen: Kampf Ivys mit ihrem Frust – Erinnerung an ihre früheren Vorwürfe (Egoist, Barbar, Rohling) – verletzter Stolz – Vorstellung: Rolle der coolen Verführerin, Absicht, Faber zu demütigen – Sehnsucht nach Zärtlichkeit – unterschiedliche Akzentuierung von Charaktermerkmalen.

Fabers Verhältnis zu Ivy

> „Ivy heißt Efeu, und so heißen für mich eigentlich alle Frauen. Ich will allein sein!" (S. 99$_{4-5}$)

Ivy: Kurzporträt

Eine Frauenzeitschrift stellt im Rahmen einer Serie bekannte Models vor, und zwar in Form eines Fragebogens. Auch Ivy gibt Auskunft über sich selbst:

Wie alt sind Sie?

Warum üben Sie diesen Beruf aus?

Wie ist Ihre familiäre Situation?

Was hat Sie in der Kindheit geprägt?

Wie ist Ihre Einstellung zur Religion?

Welches ist Ihr Lieblingsauto?

Was ist Ihre Lieblingsfarbe?

Was machen Sie, wenn Sie am Wochenende einmal ausspannen wollen?

▶ 1 Entwerfen Sie ein Kurzporträt von Ivy, indem Sie den Fragebogen ausfüllen.

▶ 2 Versuchen Sie, mit Hilfe der folgenden Auswahlliste ein Bild von Ivys Charakter zu gewinnen:
anhänglich – abhängig – unterwürfig – eitel – gepflegt – feminin – oberflächlich – verschwenderisch – gemein – nachtragend – unberechenbar – herzensgut – naiv – dumm – launisch – überdreht – sentimental – wehleidig – uneinsichtig.
Welche Attribute treffen nach Ihrer Einschätzung zu, welche nicht? Begründen Sie Ihre Meinung.

▶ 3 Während der Schiffsreise erinnert sich Faber an die Zeit mit Ivy (S. 101$_7$–102$_{13}$). Untersuchen Sie, wie der Erzähler in dieser Passage seine Einstellung zur Sexualität und sein Verhältnis zu Ivy darstellt.

▶ 4 „Ich schrieb also an Ivy. Lange schon hatte ich das Bedürfnis, einmal sauberen Tisch zu machen. Endlich einmal hatte ich die Ruhe und Zeit, die Ruhe einer ganzen Wüste." (S. 32$_{1-3}$).
Versetzen Sie sich in die Lage Walter Fabers und verfassen Sie diesen Abschiedsbrief an Ivy. Beziehen Sie sich dabei auf die Passage über den Aufenthalt in der Wüste (S. 32$_1$–33$_{31}$) und lassen Sie sich vom Text dazu anregen, einleitend auf die Situation nach der Notlandung einzugehen.

▶ 5 Am Vorabend des Abschieds von Ivy geht Faber wegen der Schiffskarte in das Reservierungsbüro im Hafen von New York. Er kommt in voller Absicht erst nach Mitternacht zurück. Ivy wartet, verunsichert und verärgert, mehr als zwei Stunden auf ihn (S. 62$_6$–73$_{31}$).
Schreiben Sie einen inneren Monolog, in dem Ivy über ihre Beziehung zu Faber nachdenkt. Was nach Fabers Rückkehr geschieht, nimmt sie in ihrer Vorstellung vorweg.

KOPIERVORLAGE 9

Walter Faber und Sabeth

Nach dem Ende der Beziehung mit Ivy begegnet Faber dem weiblichen Gegentyp Sabeth. Sie stellt sein Selbstverständnis als Techniker und Mann in Frage. Ausgangspunkt im Unterricht ist die Akrokorinth-Passage, der Augenblick des größten Glücks unmittelbar vor der Katastrophe.

Darauf folgen das Porträt Sabeths und die Reflexion über das Unglück und die Schuld Fabers.

▶ 1 Rekonstitution der Erzählpassage

Die beiden „Wanderer" drücken ihre Wahrnehmungen in Vergleichen aus. Welche Vergleichswörter in den jeweiligen Zusammenhang gehören, sollen die Schülerinnen und Schüler in Partnerarbeit herausfinden und anschließend am Text überprüfen. Im Plenum werden die Vergleiche der Auswahlliste nun den beiden Personen zugeordnet. Es ergibt sich die folgende Gegenüberstellung:

Vergleiche Sabeths	Phänomene	Vergleiche Fabers
Seide, die reißt	Wind	_____
Kulissen in der Opéra	Burganlage	_____
Scherenschnitte	Mondschatten	_____
_____	Meer	Zinkblech
Porzellan	erstes Dämmerlicht	_____
Quasten mit Rosa-Puder	Morgenwolken	_____
Herbstzeitlose	Luft	Cellophan
Rüsche	Brandung	(Bierschaum) Glaswolle
_____	Sonne	Anstich in einem Hochofen

Die Auswertung des Textauszuges zeigt, dass Sabeth bei diesem Vergleichsspiel dank ihrer „weiblichen" Kreativität anfangs dominiert. Den Sprachbildern der Spielpartner liegt der Gegensatz Mann–Frau zugrunde, wie auch die Vergleichsketten im ausgesparten Anfangsteil der Passage zeigen. Während Sabeths Bilder den Bereichen Natur, Häuslichkeit, Mode und Kunst zugeordnet sind, bleibt Fabers Sprachfantasie in der Welt der Technik verwurzelt. Erst in der Schlussphase, als Sabeth verstummt, bricht seine verdrängte Emotionalität stärker durch. Nun beginnt die geschlechtsspezifische Bildstruktur ihre Trennschärfe zu verlieren. Faber ist von Sabeths Glücksgefühl überwältigt.

▶ 2 Sabeth und ihr Verhältnis zu Faber

Bei der Vorstellung Sabeths sollten die folgenden Gesichtspunkte berücksichtigt werden: äußere Erscheinung, Alter, Name und familiäre Situation, Leben mit der Mutter vor 1956, Studium.

Was Sabeth für Faber so anziehend macht, ist wohl verständlich: die Verbindung von Verstand und Gefühl, ihre Spontaneität und Offenheit im Umgang mit Menschen.

Schwerer nachzuvollziehen ist Sabeths Verhältnis zu Faber. Der Single und Techniker Faber befremdet sie zuerst, aber während der Autoreise entsteht ungewollt-gewollt eine Beziehung, die die Zwanzigjährige ebenso irritiert wie beglückt.

▶ 3 Polizeiverhör und Vergleich der beiden Schilderungen des Unglücks

Das Polizeiverhör wird als Schreibauftrag an zwei SchülerInnen vergeben, die die Szene auch spielen. Im Anschluss an das Verhör werden die vom ganzen Kurs vorbereiteten Auszüge miteinander verglichen.

Es ergibt sich vor allem, dass Faber im ersten Bericht den von ihm ausgelösten Sturz Sabeths als Ursache der Schädelfraktur verschweigt und damit die Schuldfrage ausspart.

Walter Faber und Sabeth

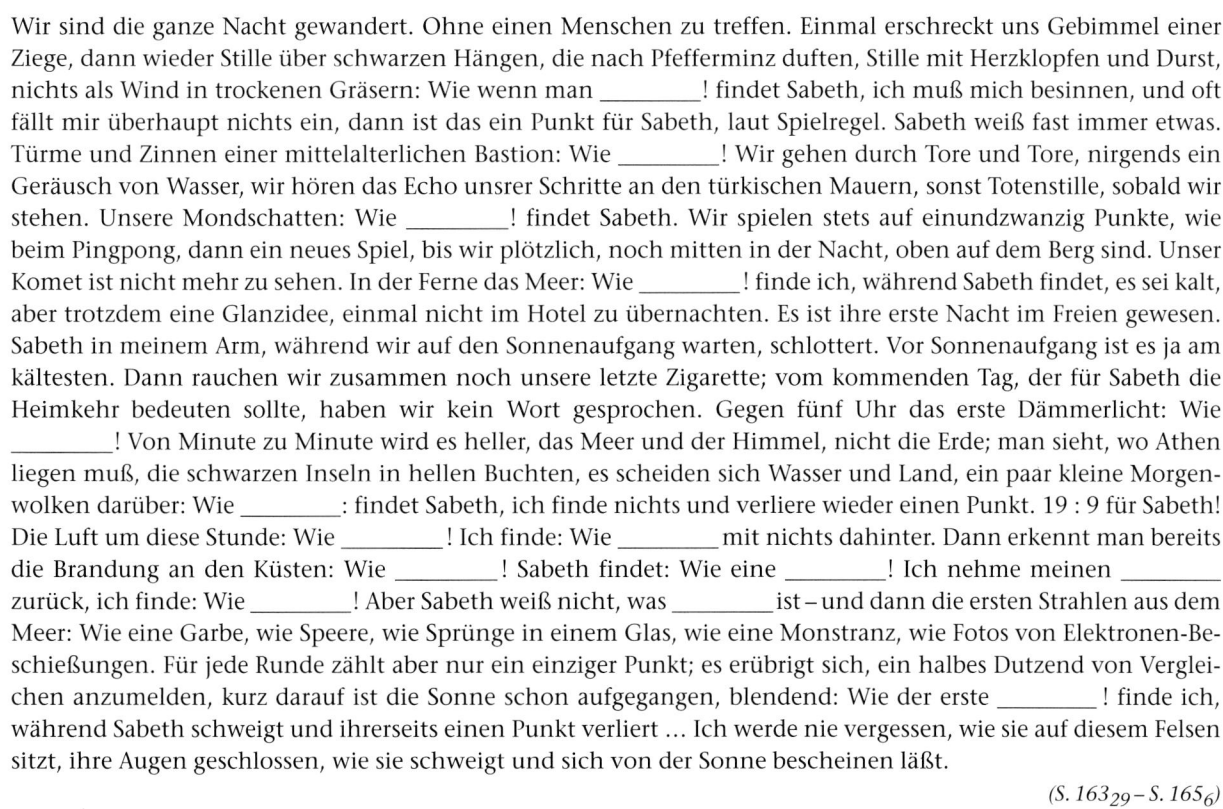

Wir sind die ganze Nacht gewandert. Ohne einen Menschen zu treffen. Einmal erschreckt uns Gebimmel einer Ziege, dann wieder Stille über schwarzen Hängen, die nach Pfefferminz duften, Stille mit Herzklopfen und Durst, nichts als Wind in trockenen Gräsern: Wie wenn man _____! findet Sabeth, ich muß mich besinnen, und oft fällt mir überhaupt nichts ein, dann ist das ein Punkt für Sabeth, laut Spielregel. Sabeth weiß fast immer etwas. Türme und Zinnen einer mittelalterlichen Bastion: Wie _____! Wir gehen durch Tore und Tore, nirgends ein Geräusch von Wasser, wir hören das Echo unsrer Schritte an den türkischen Mauern, sonst Totenstille, sobald wir stehen. Unsere Mondschatten: Wie _____! findet Sabeth. Wir spielen stets auf einundzwanzig Punkte, wie beim Pingpong, dann ein neues Spiel, bis wir plötzlich, noch mitten in der Nacht, oben auf dem Berg sind. Unser Komet ist nicht mehr zu sehen. In der Ferne das Meer: Wie _____! finde ich, während Sabeth findet, es sei kalt, aber trotzdem eine Glanzidee, einmal nicht im Hotel zu übernachten. Es ist ihre erste Nacht im Freien gewesen. Sabeth in meinem Arm, während wir auf den Sonnenaufgang warten, schlottert. Vor Sonnenaufgang ist es ja am kältesten. Dann rauchen wir zusammen noch unsere letzte Zigarette; vom kommenden Tag, der für Sabeth die Heimkehr bedeuten sollte, haben wir kein Wort gesprochen. Gegen fünf Uhr das erste Dämmerlicht: Wie _____! Von Minute zu Minute wird es heller, das Meer und der Himmel, nicht die Erde; man sieht, wo Athen liegen muß, die schwarzen Inseln in hellen Buchten, es scheiden sich Wasser und Land, ein paar kleine Morgenwolken darüber: Wie _____: findet Sabeth, ich finde nichts und verliere wieder einen Punkt. 19 : 9 für Sabeth! Die Luft um diese Stunde: Wie _____! Ich finde: Wie _____ mit nichts dahinter. Dann erkennt man bereits die Brandung an den Küsten: Wie _____! Sabeth findet: Wie eine _____! Ich nehme meinen _____ zurück, ich finde: Wie _____! Aber Sabeth weiß nicht, was _____ ist – und dann die ersten Strahlen aus dem Meer: Wie eine Garbe, wie Speere, wie Sprünge in einem Glas, wie eine Monstranz, wie Fotos von Elektronen-Beschießungen. Für jede Runde zählt aber nur ein einziger Punkt; es erübrigt sich, ein halbes Dutzend von Vergleichen anzumelden, kurz darauf ist die Sonne schon aufgegangen, blendend: Wie der erste _____! finde ich, während Sabeth schweigt und ihrerseits einen Punkt verliert … Ich werde nie vergessen, wie sie auf diesem Felsen sitzt, ihre Augen geschlossen, wie sie schweigt und sich von der Sonne bescheinen läßt.

(S. 163₂₉ – S. 165₆)

▶ **1** Stellen Sie die Originalversion dieses Erzählausschnitts wieder her, indem Sie aus der folgenden alphabetischen Liste das jeweils passende Vergleichswort auswählen und die entsprechende Zahl in den Lückentext einfügen:
Anstich in einem Hochofen (1) – Bierschaum (2 und 3) – Cellophan (4) – Glaswolle (5) – Herbstzeitlose (6) – Kulissen in der Opéra (7) – Porzellan (8) – Quasten mit Rosa-Puder (9) – Rüsche (10) – Scherenschnitte (11) – Seide reißt (12) – Zinkblech (13)
Überprüfen Sie das Ergebnis anhand Ihrer Textausgabe (S. 162₂₆–165₁₄) und ordnen Sie die Vergleiche kontrastierend den beiden Figuren zu.
Welche erzählerische Funktion kommt nach Ihrer Auffassung dem Vergleichsspiel und der ganzen Passage zu?
Vergleichen Sie in diesem Zusammenhang Fabers Haltung mit seinem bisherigen Selbstbild.

▶ **2** Eine Schülerin oder ein Schüler stellt Sabeth vor (S. 75₆–76₅, S. 89₁₅–90₅).
Wie schätzen Sie, ausgehend von der Akrokorinth-Passage, ihr Verhältnis zu Faber ein?

▶ **3** Nach Sabeths Tod wird Faber als einziger Zeuge der Ereignisse von der Polizei vernommen. Sie versucht nach Rücksprache mit den Ärzten, die Vorgeschichte und den Ablauf des Unglücks zu rekonstruieren.
Verfassen Sie den Text des Polizeiverhörs (S. 138₄–141₄ und S. 169₃₁ – 171₁₅).
Was fällt beim Vergleich des Verhörs mit den beiden Berichten Fabers auf?

Der Protagonist und die Antagonistin: Walter Faber und Hanna

Faber und Hanna verkörpern als komplementäre Romanfiguren das männliche und das weibliche Prinzip. Der Erzähler sieht Hanna als Feministin, die in der patriarchalischen Gesellschaft das Ziel der Emanzipation verfolgt. Sie selbst hält ihr Leben als berufstätige Frau und alleinerziehende Mutter für „verpfuscht".

Dieses Urteil ist der Ausgangspunkt für eine problematisierende Beschäftigung mit ihren geschlechtsspezifischen Rollenvorstellungen und ihren Beziehungen zu Männern.

▶ **1** Stellungnahme zu den zitierten Aussagen über Hannas Leben

Wenn die Schülerinnen und Schüler sich zu den Aussagen spontan äußern, formulieren sie ein Gesamtverständnis von Hannas Persönlichkeit und Leben. Ob sie Hanna zustimmen oder nicht, in jedem Fall wird das Meinungsbild Unterschiede in den Begründungen aufweisen. Der hypothetische Charakter der ersten Einschätzung fordert deren anschließende Überprüfung heraus.

▶ **2** Faber und Hanna am Tag von Sabeths Tod

Der Text vermittelt ein Bild von den beiden Personen am Tag der Katastrophe. In einem Tafelbild lassen sich die Eindrücke übersichtlich festhalten (Faber: ist schuldbewusst/schlägt Hanna unbedacht ein gemeinsames Leben vor/will im Krankenhaus Sabeths Tod nicht wahrhaben/Hanna: wirkt am Strand gefasst/weist Fabers Vorschlag mit dem Hinweis auf ihre und Sabeths Situation zurück/ist bitter und niedergeschlagen/wegen Sabeths Tod völlig außer sich).

▶ **3** Hannas Leben – Versuch einer Bilanz

Mit der Gruppenarbeit sollte man möglichst im Schlussteil der ersten Hanna-Stunde beginnen. Die folgende Übersicht enthält wichtige Problemaspekte und Lösungshinweise.
Hannas Männer- und Frauenbild: Prägung des Männerbildes durch die Erfahrung der weiblichen Unterlegenheit als Kindheitstrauma – Kompensation des Minderwertigkeitskomplexes durch Auflehnung der Frau gegen die Männerwelt – Verallgemeinerung: Mann = Homo faber – platonisches Verhältnis zu dem blinden Armin als Ersatz – Einsicht Hannas in die eigene Fehlhaltung am Ende des Romans
Gründe für die Trennung von Hanna und Faber: Zerwürfnis nur vordergründig die Folge von „Missverständnissen" – mütterlicher Egoismus Hannas: Interesse am Kind, nicht aber am Vater – spiegelbildliche Geschlechterideologie bei Hanna und Faber – mangelnde Sensibilität Fabers – Vorrang des beruflichen Interesses – keine Annahme der Vaterrolle – Fehlen einer eindeutigen Distanzierung vom Antisemitismus
Scheitern der Beziehung Hannas zu Joachim und Piper:
Ehe mit Joachim: Starke Fixierung Hannas auf die Mutterrolle – Joachim wegen der ihm nicht zugebilligten Vaterrolle tief verletzt – Eintritt in die Wehrmacht als Fluchtreaktion – Schuld Hannas: kein partnerschaftliches Verhältnis zu Joachim.
Ehe mit Piper: zunächst politische Gemeinsamkeiten wie kommunistische Überzeugung und antifaschistische Haltung in der Emigration – später Entfremdung in der DDR – systemkonformes und opportunistisches Verhalten Pipers beim Juniaufstand 1953; Trennung von ihrem Ehemann aus politisch-moralischen Gründen.
Die Arbeitsergebnisse werden nach der Diskussion im Plenum in einem Protokoll festgehalten.

▶ **4** Innerer Monolog Fabers

Schreibanregungen: zwiespältige Reaktion Fabers bei der Wiederbegegnung mit einer reifen Frau – Irritation durch Hannas Männer- und Frauenbild, doch Anerkennung ihrer Persönlichkeit und Lebensleistung – uneingestandene Verunsicherung durch die Konfrontation mit einer emanzipierten Frau.

Der Protagonist und die Antagonistin: Walter Faber und Hanna

> „… auch sie, Hanna, hätte nur ein einziges Leben, ein Leben, das verpfuscht sei, und auch ich (ob ich es wisse?) hätte nur ein einziges Leben." (S. 150$_{32-35}$)
>
> „Wieso soll dein Leben verpfuscht sein?" sage ich. „Das redest du dir ein, Hanna –" (S. 156$_{20-21}$)

Hannas Lebensgeschichte

Hanna, geborene Landsberg, verbringt ihre Jugend in München. Ihr Vater, der dort als Professor tätig ist, wird wegen seiner jüdischen Herkunft nach 1933 in Schutzhaft genommen und kommt kurz darauf zu Tode. Die Halbjüdin Hanna muss Deutschland verlassen und geht zum Studium der Kunstgeschichte nach Zürich, wo sie Walter Faber kennen lernt. Als sie schwanger wird, stimmt Hanna zwar der Abtreibung zu, trennt sich aber 1936 von Faber, der eine Stelle als Ingenieur in Bagdad annimmt. 1937 heiratet Hanna den Medizinstudenten Joachim Hencke, Fabers Jugendfreund; gegen ihre ursprüngliche Absicht will sie das Kind nun doch haben und noch im gleichen Jahr wird Sabeth geboren.
Schon 1938 kommt es zur Scheidung; Joachim tritt als Freiwilliger in die Wehrmacht ein, Hanna geht nach Frankreich in die Emigration.

Von 1938 bis 1940 lebt sie in Paris mit einem französischen Schriftsteller zusammen. Nach dem Einmarsch der deutschen Truppen flieht sie 1941 nach London, arbeitet dort als Sprecherin bei der BBC und nimmt die britische Staatsbürgerschaft an.
Noch in der Londoner Zeit heiratet sie den Kommunisten Piper, dem sie nach dem Krieg nach Ost-Berlin folgt. Seit dem Juniaufstand 1953 lebt sie getrennt von ihm. Als promovierte Philologin bekommt sie eine Stelle am Archäologischen Institut in Athen; ihre Existenz als alleinerziehende Mutter ist damit gesichert.
Da Sabeth 1956 ein Stipendium der Yale University erhält, verlässt sie Athen für ein halbes Jahr; im Frühjahr 1957 kehrt sie mit dem Schiff nach Europa zurück.

▶ 1 Hannas Leben – „verpfuscht"? Die oben zitierten Aussagen machen Hanna und Faber am Tag vor Sabeths Tod.
Wem schließen Sie sich an?
Begründen Sie Ihren Standpunkt schriftlich in einigen Sätzen.

▶ 2 Walter Faber und Hanna fahren am Tag nach dem Unglück zum Ort des Geschehens.
S. 171$_{16}$–S. 173$_{32}$ schildert das Gespräch am Strand und die Szene im Krankenhaus.
Welchen Eindruck vermittelt die Strandpassage von den beiden Personen?
Und wie verhalten sie sich, als sie im Krankenhaus von Sabeths Tod erfahren?

▶ 3 Hannas Leben – Versuch einer Bilanz
Überprüfen Sie Ihr erstes Urteil über Hannas Leben und erarbeiten Sie das Thema in Gruppen, indem Sie die folgenden Leitfragen auf der Grundlage der Kurzbiografie und der angegebenen Textstellen beantworten:

– Welches Bild hat Hanna von Männern und Frauen? (S. 151$_{12}$–152$_{20}$, 198$_{20}$–201$_9$)
– Wie erklärt der Erzähler die Trennung von Hanna und Faber? (S. 35$_{9-18}$, 49$_1$–52$_{22}$, 60$_{21}$–61$_{34}$)
– Woran scheiterte die Beziehung Hannas zu Joachim Hencke und Piper? (S. 122$_{2-33}$, 155$_{21}$–156$_{22}$, 218$_2$–220$_{31}$)

▶ 4 Wiederbegegnung mit Hanna
In der Nacht vor Sabeths Tod bleibt Faber lange wach. Die Gespräche mit Hanna lassen ihn nicht zur Ruhe kommen. Vieles geht ihm durch den Kopf: Wie sie jetzt aussieht, wie sie lebt, wie sie denkt. Und immer wieder ihre Worte vom „verpfuschten" Leben …
Verfassen Sie diesen inneren Monolog.
(S. 135$_{26}$–138$_3$, 141$_6$–162$_{24}$)

11

_ Die Welt des Mythos in Max Frischs „Schicksalsgeschichte" _

Zufall und Wahrscheinlichkeit

Max Frischs bereits zitiertes Wort vom *Homo faber* als einer „Schicksalsgeschichte" (vgl. S. 9) betont die Differenz zwischen der Perspektive des Autors und dem Bewusstsein der Titelfigur.

Was Walter Faber erlebt, summiert sich in dessen Sicht zu einer „Zufallsgeschichte". An die Fiktion der Zufälligkeit der Ereignisse versucht er so lange wie möglich zu glauben, weil sie ihn von Verantwortung und Schuld entlastet.

Fatale Zufälle, die ihn plötzlich und überraschend ereilen und das Kontinuum des Üblichen durchbrechen, verunsichern ihn zwar mehr und mehr, doch schließt sein technokratisches Bewusstsein den Gedanken einer „Schicksalsgeschichte" aus.

Als Einstieg in diese Teilsequenz ergänzen die Schülerinnen und Schüler in einer Stillarbeitsphase Sätze, in denen von Zufällen die Rede ist. Die Überprüfung der Lösungen lässt sich mit einer ersten Problematisierung verbinden: Welche Zufälle sind unvorhersehbar? Welche erwartbar? Und welche gar herbeigeführt?

Bei der Analyse der Textauszüge geht es darum, Fabers Verständnis von Zufall und Wahrscheinlichkeit zu erkennen. Mit einem Vergleich der Vorstellungen des Protagonisten und des Autors schließt die Teilsequenz ab.

▶ **1** Ein Zufall nach dem anderen
Lösungsvorschlag für die Satzergänzungen:

1. … ist der Passagier ein Deutscher mit Namen Herbert Hencke und der Bruder von Joachim, der Hanna geheiratet hat.
2. … nacheinander zwei Motoren ausfallen und eine Notlandung unvermeidlich wird.
3. … unwillkürlich tippt er die Anrede für Ivy auf den eingespannten Bogen.
4. … er unbedingt einen defekten Rasierapparat reparieren will … erreicht ihn noch der Anruf des Reservierungsbüros im Hafen.

5. … das eine oder andere Gespräch und die beiden lernen sich kennen.
6. … trifft er Sabeth eine Woche nach ihrem Abschied wieder.
7. … seinen Wagen zu nehmen, … Faber Sabeth zur Autoreise einladen kann.
8. … sie die Mondfinsternis und damit ein seltenes Ereignis erleben.

▶ **2** Fabers Verständnis von Zufall und Wahrscheinlichkeit

Wie Fabers Reflexionen zeigen, sind Wahrscheinlichkeit und Zufall für ihn keine Gegensätze, die sich ausschließen. Statistisch betrachtet ist der Zufall, zum Beispiel das Versagen von Flugzeugmotoren, nur ein Grenzfall des Wahrscheinlichen.

Faber erklärt solche Erfahrungstatsachen mathematisch; auch eine „ganze Kette von Zufällen" irritiert ihn nicht. In seiner Sicht sind die Begegnungen mit Herbert Hencke und Sabeth keineswegs „Fügung" und „Schicksal". Durchaus nachvollziehbar ist seine Aussage, ein „purer Zufall" habe über die Reise mit dem Schiff entschieden. Wenn er die Begegnung mit Sabeth an Bord des Schiffes als „unwahrscheinlichen Zufall" bezeichnet, so offenbart dies jedoch die Rechtfertigungsstrategie des schuldbewussten Erzählers. Die Nähe Sabeths, die ihm gefällt, hat er willentlich-unwillentlich gesucht.

Fabers Glaube an die Gesetze der Wahrscheinlichkeit zeigt sich auch in seiner Reaktion auf Sabeths Unfall. Er klammert sich an die niedrigen Mortalitätswerte der Statistik, tut die Angst vor Schlangen als Aberglauben ab und verdrängt so seine eigenen Befürchtungen. Selbst angesichts seines nahen Todes spricht er im Glauben an die Statistik vom sicheren Erfolg der Operation.

▶ **3** Vergleich von Frischs Deutung des Zufalls mit den Vorstellungen Walter Fabers

Max Frisch interpretiert den Zufall als das Fällige, das den Menschen ereilt, wenn er aus der Totalität der Lebenswirklichkeit das auf sich zukommen lässt, was ihn etwas angeht. Ob ihn die „Macht des Zufalls" trifft, hängt von seiner „Antenne" ab, das heißt von seiner Disposition und Wahrnehmungsfähigkeit. Diese Deutung, die die Entscheidungsfreiheit des Menschen betont, lässt sich mit der Fabers vergleichen und darüber hinaus zum Gegenstand einer Diskussion machen.

Die Welt des Mythos in Max Frischs „Schicksalsgeschichte"

Zufall und Wahrscheinlichkeit

Ein Zufall nach dem anderen

---

1. Während des Fluges von New York nach Caracas kommt Faber mit seinem Nachbarn ins Gespräch. Wie sich herausstellt, …

---

2. Nach der Zwischenlandung in Houston bricht unter den Passagieren Panik aus, weil …

---

3. Beim Aufenthalt in der Wüste will Faber einen Brief an seinen Chef Williams schreiben, doch …

---

4. In New York bleibt Faber trotz des geplanten Kinobesuches länger in der Wohnung, weil …
   Nur deshalb …

---

5. An Bord des Schiffes steht Faber für die Tischkarte an. In der Schlange fällt ihm ein junges Mädchen auf, dem er später ab und zu beim Tischtennisspiel zuschaut. Es ergibt sich schließlich …

---

6. Obwohl Faber sich nicht für Kunst interessiert, geht er in Paris in den Louvre. Dort …

---

7. Williams schlägt Faber vor, er solle sich mal Urlaub gönnen, und macht ihm das Angebot, …
   sodass …

---

8. In Avignon, als Faber und Sabeth zur Terrasse über der Rhône hochgehen und dann im Freien sitzen, merken sie plötzlich, dass …

Café Odéon

„Der Zufall ganz allgemein: was uns zufällt ohne unsere Voraussicht, ohne unseren bewußten Willen … Das Verblüffende, das Erregende jedes Zufalls besteht darin, daß wir unser eigenes Gesicht erkennen; der Zufall zeigt mir, wofür ich zur Zeit ein Auge habe, und ich höre, wofür ich eine Antenne habe. Ohne dieses einfache Vertrauen, daß uns nichts erreicht, was uns nichts angeht, und daß uns nichts verwandeln kann, wenn wir uns nicht verwandelt haben, wie könnte man über die Straße gehen, ohne in den Irrsinn zu wandeln? Natürlich läßt sich denken, daß wir unser mögliches Gesicht, unser mögliches Gehör nicht immer offen haben, will sagen, daß es noch manche Zufälle gäbe, die wir übersehen und überhören, obschon sie zu uns gehören; aber wir erleben keine, die nicht zu uns gehören. Am Ende ist es immer das Fälligste, was uns zufällt."

Max Frisch: Tagebuch 1946–1949.
Frankfurt am Main 1950 (S. 463–464)

▶ **1** Ein Zufall nach dem anderen. Ergänzen Sie die obigen Sätze sinngemäß und machen Sie so deutlich, welche Zufälle den Ablauf der Ereignisse bestimmen.

▶ **2** Untersuchen Sie anhand von ausgewählten Passagen Fabers Verständnis von Zufall und Wahrscheinlichkeit. (S. 23_{10}– 24_{10}, S. $68_{16–29}$, S. $78_{13–26}$, S. $141_{25–30}$, S. 178_{32}–179_{19}).
Wie interpretiert er seine eigenen Erfahrungen?

▶ **3** Fassen Sie die Grundgedanken des Auszugs aus dem Tagebuch zusammen.
Vergleichen Sie Frischs Deutung des Zufalls mit den Vorstellungen Walter Fabers.

_ Die Welt des Mythos in Max Frischs „Schicksalsgeschichte" _

„Zufälliges Schicksal": Bilder des Mythos und Figuren des Romans

„Wahrscheinlichkeit versus Fügung, Zufall versus Schicksal, Mathematik versus Mystik. Das sind die Formeln, nach denen der Techniker Faber sein Weltbild konstruiert." (F. A. Lubich)

Dieses antithetische und eindimensionale Denken ist nicht nur charakteristisch für den Protagonisten, sondern auch – spiegelverkehrt – für die Antagonistin Hanna. Je mehr sich Faber der Katastrophe nähert, desto fragwürdiger erscheint indessen seine Vorstellung vom Zufallscharakter der Ereignisse. Mit dem Bild von der „Kette der Zufälle" versucht er, deren Fatalität noch rational auszublenden.

Das „zufällige Schicksal" (Walter Schmitz), dem er zu entrinnen glaubt, wird ihn am Ende freilich einholen – ein Schicksal weder von beliebiger Zufälligkeit noch von tragischer Notwendigkeit.

Im Zusammenhang mit dieser Entwicklung verliert die Weltsicht Fabers ihre dogmatische Enge. Der Ingenieur, der an den modernen Mythos der wissenschaftlichen Erkenntnis und des zivilisatorischen Fortschritts glaubt, beginnt, seine strikte Ablehnung des antiken Mythos aufzugeben. Beim Museumsbesuch in Rom mit Sabeth wird er erstmals mit Skulpturen der griechischen Mythologie konfrontiert; später treten mythische Bilder aus der Tiefe des Unbewussten vor sein inneres Auge.

Wichtige Gestalten des Mythos, die im Roman vorkommen, aber auch ungenannte Projektionsfiguren werden in dieser Teilsequenz zum Gegenstand der Untersuchung. Es gilt herauszuarbeiten, welchen Beitrag die mythologischen Anspielungen zum Verständnis des Romans leisten.

Mit Hilfe des Textes von F. A. Lubich (s. S. 43) kann die Frage nach der Bedeutung von Ikarus und Prometheus geklärt werden. Darauf folgt, ausgehend von Abbildungen, die Auseinandersetzung mit weiteren mythischen Figuren, die im Roman genannt werden.

Für diese Aufgabe bietet sich das arbeitsteilige Verfahren an; die Seiten aus dem Kommentar von Walter Schmitz sollten allerdings vom ganzen Kurs gelesen werden.

▶ 1 Ikarus und Prometheus als mythische Leitfiguren Fabers

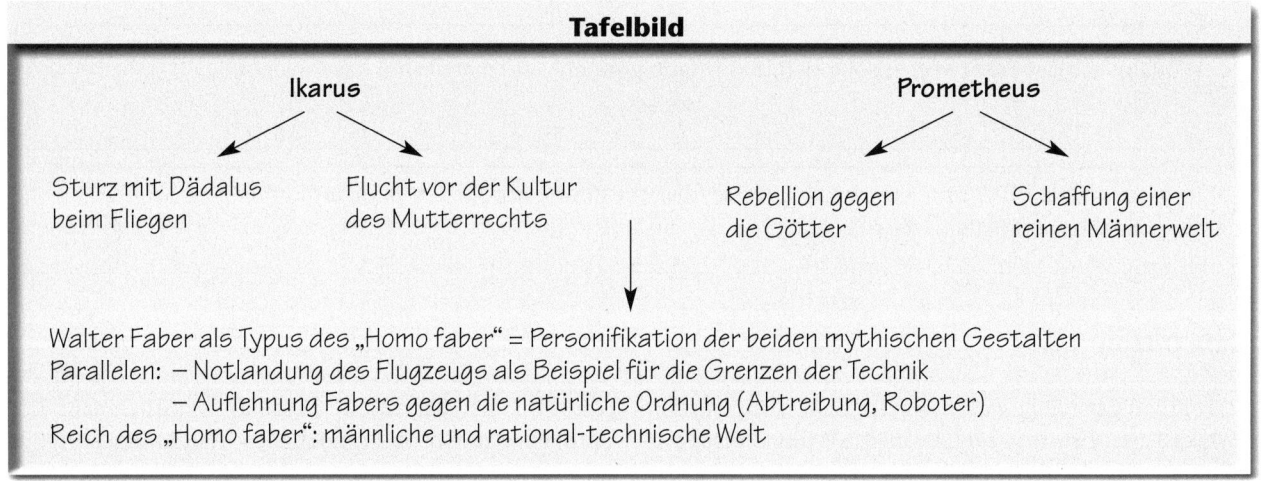

Tafelbild

Ikarus

- Sturz mit Dädalus beim Fliegen
- Flucht vor der Kultur des Mutterrechts

Prometheus

- Rebellion gegen die Götter
- Schaffung einer reinen Männerwelt

Walter Faber als Typus des „Homo faber" = Personifikation der beiden mythischen Gestalten
Parallelen: – Notlandung des Flugzeugs als Beispiel für die Grenzen der Technik
          – Auflehnung Fabers gegen die natürliche Ordnung (Abtreibung, Roboter)
Reich des „Homo faber": männliche und rational-technische Welt

▶ 2 Funktion der abgebildeten Figuren im Roman

Aphrodite (Venus): Göttin der Schönheit und der Liebe → Liebe Fabers zu Sabeth

Schlafende Erinnye: Verfolgung von Schuldigen durch die Rachegöttinnen → schuldhafte Liebe

Demeter und Persephone (Kore): Interesse Demeters, der Göttin der Fruchtbarkeit, nur für die Tochter Kore, nicht für den Mann; Strafe: Entführung Kores in den Hades → Hanna als Mutter

Hermes: Götterbote, bringt Kore zu Demeter zurück → Schreibmaschine; Sabeth: Fabers Führerin

Ödipus: König von Theben, Mörder seines Vaters, des Königs Laios, und Gatte der eigenen Mutter. Unkenntnis seiner Herkunft, Selbstblendung als Sühne. Lösung des Rätsels der Sphinx → Inzest Fabers; „Blindheit" als Technokrat, Selbstblendung nur als Vorstellung; beim Prozess des Schreibens Eingeständnis der Schuld

„Zufälliges Schicksal": Bilder des Mythos und Figuren des Romans

> „Betreffend Statistik: Hanna wollte nichts davon wissen, weil sie an Schicksal glaubt ... Sie redete von Mythen, wie unsereiner vom Wärmesatz ..." (S. $153_{30-31,34-35}$)

Die Geburt der Aphrodite (Venus)

Museum of Antiquities, Saskatoon, Canada

Medusa Ludovisi: schlafende Erinnye

Museum of Antiquities, Saskatoon, Canada/Maica Förlag

Triptolemos, Persephone und Demeter

Universität von Haifa

Hermes und Persephone

Isidora Forrest

▶ 1 Arbeiten Sie heraus, wie F. A. Lubich in seinem Beitrag über _Homo faber_ Ikarus und Prometheus als antike Projektionsfiguren Fabers deutet (s. S. 43).

▶ 2 Die Abbildungen auf dieser Seite und im Abschnitt „Die Welt des Romans in Bildern" (s. S. 5) zeigen verschiedene mythische Figuren: Aphrodite (S. 120_{13-14}) – schlafende Erinnye (S. 120_{22}) – Demeter und Persephone (S. $147_{35}-148_4$, 175_4) – Hermes (S. 175_4) – Ödipus (S. 154_{3-4}, 209_{6-9}).

Informieren Sie sich über die Rolle dieser Gestalten in der griechischen Mythologie.
Versuchen Sie, ihre Funktion im Roman zu klären, und ziehen Sie dazu auch den Kommentar von Walter Schmitz heran (vor allem S. 242–244). Welche Bedeutung hat der Mythos nach seiner Auffassung für das Verständnis des _Homo faber_?

KOPIERVORLAGE

13

Entwürfe: Wir und die anderen

Auf dem schwierigen Weg der Selbstfindung muss sich Faber vom Absolutheitsanspruch seines Technikerglaubens und von seinem Männlichkeitswahn lösen. Er macht Erfahrungen, die zunehmend die klischeehafte Starre dieser „Bildnisse" aufbrechen. Im ersten Teil der Sequenz soll die Beschäftigung mit dem Tagebuchtext das Verständnis der Bildnisproblematik vertiefen. Die anschließende Analyse von Traumbildern und Spiegelbildern rückt die Verunsicherung Fabers durch immer wieder verdrängte Realitäten in den Blick.

▶ **1** Umschreiben des Tagebuchauszugs „Du sollst dir kein Bildnis machen"

Im Zentrum des Tagebuchauszuges steht die Frage, wie sich „Bildnisse" auf die zwischenmenschlichen Beziehungen auswirken. Die Schreibaufgabe hingegen zielt primär auf die Problematik des Selbstbilds ab. Es geht um das bewusst-unbewusst entworfene Ich, das als Rolle oder Maske denkt und agiert und das wahre Ich verkennt und verrät. Die entstandenen Textvarianten können im Hinblick auf ihre Anbindung an die Vorlage und auf ihre Plausibilität verglichen werden.

▶ **2** Traumbilder und Spiegelbilder

Träume
Die beiden Träume sind Projektionen des Unbewussten. Sie lassen sich als Wunschträume (Zufallsgewinn, „Scheidung" von Ivy, richtige Partnerschaft) und Angstträume (Alter, Krankheit, Tod, feindliche Natur) deuten. Funktion der Träume: andere Sprache Fabers; Vorausdeutungen.

Spiegelszenen

Tafelbild		
Toilette im Flughafen von Houston	**Restaurant in Paris**	**Krankenhaus in Athen**
Gesicht: weiß, grau, gelblich mit violetten Adern, „scheußlich wie eine Leiche" Hände: gelblich-violett	Ich im Spiegel in achtfacher Wiederholung: „Ahnenbild", groteskes Zerrbild Ringe unter den Augen grau, Anzeichen einer Glatze	Beschreibung des eigenen Körpers mit vielen Details: Nase, Hals, Ohren, Mund, Zähne, Haare
Erklärung Fabers: Neonlicht, Ohnmacht = „Schweißanfall, nichts weiter"	„Mann in den besten Jahren", Einschätzung Fabers: „lächerliche Spiegel"	Erklärungsversuch: Folgen der Diät, Wirkung des weißen Neonlichts

Signale von Krankheit und Tod, Verdrängungsversuche Fabers

Begegnungen mit anderen Menschen
Konfrontation mit dem Tod Joachims: detailreiche Schilderung; Vergleich des Toten mit einer Puppe und einer Vogelscheuche; syntaktische Auffälligkeit: Ellipsen als Signal der Verdrängung.

Begegnungen mit Professor O.: gleiche Krankheit wie Faber (Magenkrebs); Aussehen: wie der leibhaftige Tod, vergleichbar mit Fabers Spiegelbild im Krankenhaus.

Entwürfe: Wir und die anderen

Du sollst dir kein Bildnis machen

„Es ist bemerkenswert, daß wir gerade von dem Menschen, den wir lieben, am mindesten aussagen können, wie er sei. Wir lieben ihn einfach. Eben darin besteht ja die Liebe, das Wunderbare an der Liebe, daß sie uns in der Schwebe des Lebendigen hält, in der Bereitschaft, einem Menschen zu folgen in allen seinen möglichen Entfaltungen. Wir wissen, daß jeder Mensch, wenn man ihn liebt, sich wie verwandelt fühlt, wie entfaltet, und daß auch dem Liebenden sich alles entfaltet, das Nächste, das lange Bekannte. Vieles sieht er wie zum ersten Male. Die Liebe befreit es aus jeglichem Bildnis. Das ist das Erregende, das Abenteuerliche, das eigentlich Spannende, daß wir mit den Menschen, die wir lieben, nicht fertigwerden: weil wir sie lieben; solang wir sie lieben. Man höre bloß die Dichter, wenn sie lieben; sie tappen nach Vergleichen, als wären sie betrunken, sie greifen nach allen Dingen im All, nach Blumen und Tieren, nach Wolken, nach Sternen und Meeren. Warum? So wie das All, wie Gottes unerschöpfliche Geräumigkeit, schrankenlos, alles Möglichen voll, unfaßbar ist der Mensch, den man liebt –
Nur die Liebe erträgt ihn so.
Warum reisen wir?
Auch dies, damit wir Menschen begegnen, die nicht meinen, daß sie uns kennen ein für allemal; damit wir noch einmal erfahren, was in diesem Leben möglich sei –
Es ist ohnehin schon wenig genug.
Unsere Meinung, daß wir das andere kennen, ist das Ende der Liebe, jedes Mal, aber Ursache und Wirkung liegen vielleicht anders, als wir anzunehmen versucht sind – nicht weil wir das andere kennen, geht unsere Liebe zu Ende, sondern umgekehrt: weil unsere Liebe zu Ende geht, weil ihre Kraft sich erschöpft hat, darum ist der Mensch fertig für uns. Er muß es sein. Wir können nicht mehr! Wir kündigen ihm die Bereitschaft, auf weitere Verwandlungen einzugehen. Wir verweigern ihm den Anspruch alles Lebendigen, das unfaßbar bleibt, und zugleich sind wir verwundert und enttäuscht, daß unser Verhältnis nicht mehr lebendig sei.
„Du bist nicht", sagt der Enttäuschte oder die Enttäuschte: „ wofür ich dich gehalten habe."
Und wofür hat man sich denn gehalten?
Für ein Geheimnis, das der Mensch ja immerhin ist, ein erregendes Rätsel, das auszuhalten wir müde geworden sind. Man macht sich ein Bildnis. Das ist das Lieblose, der Verrat …
In gewissem Grad sind wir wirklich das Wesen, das die anderen in uns hineinsehen, Freunde wie Feinde. Und umgekehrt: Auch wir sind die Verfasser der andern; wir sind auf eine heimliche und unentrinnbare Weise verantwortlich für das Gesicht, das sie uns zeigen, verantwortlich nicht für ihre Anlage, aber für die Ausschöpfung dieser Anlage. Wir sind es, die dem Freunde, dessen Erstarrtsein uns bemüht, im Wege stehen, und zwar dadurch, daß unsere Meinung, er sei erstarrt, ein weiteres Glied in jener Kette ist, die ihn fesselt und langsam erwürgt. Wir wünschen ihm, daß er sich wandle, o ja, wir wünschen es ganzen Völkern! Aber darum sind wir noch lange nicht bereit, unsere Vorstellung von ihnen aufzugeben. Wir selber sind die letzten, die sie verwandeln. Wir halten uns für den Spiegel und ahnen nur selten, wie sehr der andere seinerseits eben der Spiegel unsres erstarrten Menschenbildes ist, unser Erzeugnis, unser Opfer – ."

Max Frisch: Tagebuch 1946–1949.
Frankfurt am Main 1965, S. 31–34

▶ 1 In seinem Tagebuch schließt Max Frisch die Parabel „Der andorranische Jude" mit den folgenden Reflexionen ab:
„Du sollst dir kein Bildnis machen, heißt es, von Gott. Es dürfte auch in diesem Sinne gelten: Gott als das Lebendige in jedem Menschen, das, was nicht erfaßbar ist. Es ist eine Versündigung, die wir, so wie sie an uns begangen wird, fast ohne Unterlaß wieder begehen – Ausgenommen wenn wir lieben."
Menschen machen sich Bildnisse von Gott, von Partnern, von Völkern, aber auch von sich selbst.
Gesetzt den Fall, Max Frischs Tagebuch enthielte eine weitere Aufzeichnung, die von Menschen als Opfern ihres erstarrten Selbstbildes handelt.

Schreiben Sie „Du sollst dir kein Bildnis machen" so um, dass diese Problematik in den Mittelpunkt rückt.

▶ 2 Traumbilder und Spiegelbilder.
Untersuchen Sie, wie in einer Reihe von Romanpassagen Fabers Selbstbild mit seinem wahren Ich konfrontiert wird (Träume: S. 16_{17-35}, S. 362_2-371_1; Spiegelszenen: S. $11_{22}-134_4$, S. $106_{10}-107_{18}$, S. $185_{22}-187_8$; Begegnung mit anderen Menschen: S. $90_{19}-92_7$, S. 111_2-113_{29}).

Die Abkehr von Amerika
und der Versuch eines Neubeginns

Walter Faber, der „Amerikaner" aus Überzeugung, distanziert sich auf Kuba von seiner Wahlheimat USA. Mit der vehementen Kritik am „American Way of Life" geht eine Selbsterfahrung einher, die die verdrängten Tiefenschichten seiner Persönlichkeit sichtbar macht. Sie findet ihren Höhepunkt in der Hymne auf das Leben im Schlussteil der Kuba-Passage.

Vor dem gesellschaftlichen Hintergrund, den der Politologe Oberndörfer beschreibt, erscheint der Protagonist aufgrund seiner Mentalität als zeittypische Figur.

Dies soll durch die Bearbeitung der ersten Aufgabe deutlich werden.

Bei den Aufgaben 2 und 3 geht es um die Amerikakritik und die Darstellung des Kubaerlebnisses als Widerspiegelungen von Fabers Neuorientierung.

▶ 1 Zusammenfassung der Aussagen Oberndörfers – Relevanz für die Person Fabers

Der Inhalt des Textes lässt sich wohl ohne Schwierigkeiten in wenigen Thesen zusammenfassen und mit der Überschrift in Verbindung bringen.

Dieter Oberndörfers Text ist die historische Folie für die Bewertung Fabers als repräsentative Figur. Die Parallelen liegen auf der Hand. Faber will zwar nicht als Amerikaner gelten, doch hat er in den New Yorker Jahren die Amerikanisierung seiner Persönlichkeit als konsequente Weiterentwicklung früherer Prägungen erlebt.

▶ 2 Fabers Auseinandersetzung mit dem „American Way of Life"

Bei der Darstellung seines Amerikabildes bedient sich der Erzähler der Montagetechnik. Seine Amerikakritik lässt sich im Detail belegen und wie folgt zusammenfassen:

Land des Reichtums und des Komforts – Arroganz Amerikas als weltpolitische Führungsmacht – überdimensional große Bedeutung des Autoverkehrs – Unwirtlichkeit der Städte – Allgegenwart der Reklame – schlechte Manieren – unerträgliche Art zu reden – fehlende Esskultur – Hässlichkeit der Amerikaner – sexuelle Versager – Optimismus als Grundhaltung – Jugendkult – fragwürdige Einstellung zum Tod.

Fazit: Übereinstimmung von Fabers Amerikabild mit der Analyse Oberndörfers in wichtigen Punkten, aber stark emotionale Art der Darstellung und polemische Zuspitzung.

Funktion: Amerikakritik als Selbstkritik, Auseinandersetzung mit dem Selbstbild des *Homo faber*, Artikulation eigener Defekte und Wünsche.

▶ 3 Analyse der Kuba-Episode

Diese Passage folgt als Rückblende auf die Spiegelszene im Athener Krankenhaus und die ergänzende Mitteilung des Todes von Professor O. – zwei Vorausdeutungen auf das Ende Fabers.

Als Einstieg in die Analyse werden die vom Kurs herausgesuchten Schlüsselwörter an der Tafel fixiert: Verben wie *schauen, gaffen, hören, singen, pfeifen, lachen, schaukeln, rauchen, lieben, weinen*; Nomen wie *Begierde, Lust, Wollust, Freude, Spaß*; Adjektive wie *allein, glücklich*. Bei der Auswertung des Befunds geht es vor allem um die Situation Fabers und sein Lebensgefühl.

Bewertung der Episode: Station auf dem Weg der Selbstfindung, euphorische Lebensbejahung im Bewusstsein der Vergänglichkeit und in der Vorahnung des Todes („Leiche im Corso der Lebenden").

Kuba: Seelenlandschaft. Stilisierung der Wirklichkeit als Projektion von Sehnsüchten; noch kein wahrhaft authentisches Leben („Alles wie im Traum", „wie eine Halluzination").

Schilderung der letzten Nacht in Havanna: Beispiel für die Ästhetisierung der Wirklichkeit; stark rhythmisierte Sprache als adäquater Ausdruck von Fabers Lebensenthusiasmus („Ich preise das Leben!").

Die Abkehr von Amerika und der Versuch eines Neubeginns

> „Mein Zorn auf Amerika!" (S. 190$_{10}$) – „Mein Zorn auf mich selbst!" (S. 191$_{27}$)
> „Mein Entschluß, anders zu leben –" (S. 190$_{13}$)

Irrealer Optimismus

„Wenn man das Ergebnis der Analyse vorwegnimmt, so lässt sich die herrschende Lebensphilosophie umreißen als: Leben in der Irrealität.

Dies äußert sich zunächst in einer ungemeinen Überschätzung der Jugend und einer tiefeingegrabenen Furcht vor dem Altern. Nicht die verehrungswürdige Gestalt des ‚alten Weisen' ist das Ideal, zu dem man aufblickt, sondern ‚Boy' und ‚Girl'. Daher findet der Vorsitzende des Altmännervereins auch gar nichts dabei, wenn er seine sechzig- und siebzigjährigen Altersgenossen mit einem fröhlichen ‚Hello Boys' begrüßt. Und ähnlich wie der Greis zum netten Jungen (a fine boy) wird die Großmutter zum süßen alten Mädchen (sweet old girl). Jugend ist Trumpf und jugendliche Gesichter grüßen von allen Straßenecken aus den Reklameschildern. Jugendlich sind die Helden der Ära des Konsums, die Film- und Fernsehstars; sie scheinen nie zu altern. Da man nicht alt werden will, wehrt man sich mit allen Mitteln dagegen. Daher erlangen die Arbeit der kosmetischen Industrie und die von ihr verbreiteten Erkenntnisse außerordentliche Bedeutung. Schönheitschirurgen, Masseure und Zahnärzte machen sich ans Werk, die Spuren des Alterns zu beseitigen oder zu verbergen. Unfähig, in Würde zu altern, nahezu krankhaft besessen von dem Wunsche, jung zu bleiben, bietet so manchmal die Greisin mit ihren betont jugendlichen Kleidern, den backfischhaften Spitzen um den welken Hals und dem betont mädchenhaften Getue ein rührendes und erschütterndes Bild zugleich.

Gewiss, in der Furcht vor dem Altern treten verschiedene spezielle Daseinsbedingungen der industriellen Gesellschaft zutage. Hinter der Furcht vor dem Älterwerden steht zum Teil die Angst vor dem Nachlassen der Arbeitskraft und dem beruflichen Misserfolg, die den alternden Menschen viel härter treffen als den jungen ...

Doch hinter alledem steht mehr: die konformistische Leugnung des Unschönen, des Leides und schließlich des Todes. Denn dem Konformisten ist die Welt nur schön und unschöne oder leidende Menschen darf es für ihn nicht geben. Dabei kommen seinem Wunsche die Gesetzlichkeiten seiner Welt, Massenproduktion, Persönlichkeitsmarkt und Hygiene, entgegen. Die Massenproduktion technischer Produkte, die auf den raschen Verbrauch der Güter angewiesen ist, verleiht der Daseinswelt jenen eigentümlich strahlenden Glanz von Nickel und Chrom nagelneuer Kühlschränke und formvollendeter Straßenkreuzer, die nicht alt werden dürfen, sondern nach kurzem Gebrauch gegen neue Modelle eingetauscht werden.

Auf dem Persönlichkeitsmarkt zahlt gutes Aussehen die höchsten Dividenden. So legen die Personalexperten amerikanischer Firmen größten Wert auf die äußere Erscheinung ihrer Angestellten. Der Wandel im Aussehen des Amerikaners innerhalb der letzten Jahrzehnte ist revolutionär. So spricht Riesmann von einer Demokratisierung sexueller Anziehungskraft; von einer Massenproduktion sogenannter gut aussehender ‚well groomed youth'. Da das Aussehen an der Norm der Helden der Vergnügungsindustrie gemessen wird, wird der natürliche Mensch – die meisten entsprechen ja nicht dem geforderten Ideal – hinter Rouge und Puder und mit Hilfe seiner Kleidung, die versteckt und vortäuscht zugleich, wie hinter einer Maske verdeckt."

Dieter Oberndörfer: Von der Einsamkeit des Menschen in der modernen amerikanischen Gesellschaft. Freiburg 1958, S. 115–116

▶ 1 Das Buch des Politologen Dieter Oberndörfer über die zeitgenössische amerikanische Gesellschaft erschien ein Jahr nach Frischs *Homo faber*.
Fassen Sie den Inhalt des Textauszuges in knappen Thesen zusammen und prüfen Sie, inwiefern sich Walter Faber in den elf New Yorker Jahren mit der amerikanischen „Lebensphilosophie" identifiziert hat.

▶ 2 Untersuchen Sie, wie Faber sich während seines Aufenthaltes auf Kuba mit dem „American Way of Life" auseinandersetzt (S. 190$_{10}$–192$_{30}$). Vergleichen Sie seine Sicht mit den Aussagen von Dieter Oberndörfer.

▶ 3 Analysieren Sie die Darstellung der Kuba-Episode (S. 187$_9$–198$_{11}$; Juana-Passage und anschließende Schilderung, S. 194$_{18}$–197$_{16}$).
Wie schätzen Sie die Bedeutung dieser Episode für die Entwicklung Fabers ein?

15

Das versäumte Leben und die Idee vom richtigen Leben

Im Zentrum dieser Teilsequenz steht Fabers Weg aus der Selbstentfremdung, der ihn bis an die Schwelle der Selbstfindung führt. Der Protagonist, Opfer des eigenen „Bildnisses", muss die Deformation seiner Persönlichkeit erkennen, die Rollenexistenz aufgeben und zum Menschen werden.

Gewiss hat die Begegnung mit Sabeth seine emotionalen Kräfte freigesetzt und die Konfrontation mit Krankheit und Tod in Träumen und Spiegelbildern die verdrängten Ängste sichtbar gemacht. Und nach der Abkehr vom „American Dream" offenbart der „kubanische Traum" der enthusiastischen Lebensbejahung, so scheint es, die radikale Veränderung Fabers. Wie die „Diskussion mit Hanna" zeigt, hat sich der „alte" Faber aber noch nicht völlig aus seiner Verkapselung gelöst.

Am Ende vermittelt der „griechische Traum", die „Verfügung für Todesfall", zwar die Idee von einem anderen Leben im Licht der Wahrheit und fernab der modernen Zivilisation, aber diese Vorstellung hat unverkennbar Züge des Idyllischen, ja des Illusionären.

Nach der Analyse der beiden Erzählpassagen (Aufgabe 1) wird mit der Textproduktion ein Perspektivenwechsel vollzogen; es geht um die Antagonistin Hanna als Folie für Faber (Aufgabe 2). Die abschließende Diskussion dient der Reorganisation und der Integration der bisher gewonnenen Erkenntnisse (Aufgabe 3).

▶ 1 Analyse der beiden Erzählpassagen

Die Zitate aus dem Roman bezeichnen kontrapunktisch die beiden Pole von Fabers innerem Weg zu sich selbst: die Blindheit gegenüber seiner „déformation professionnelle", das heißt die fortdauernde Fixierung auf das berufsbedingte alte Selbstbild, und die Selbsterkenntnis, die in der Lichtmetapher zum Ausdruck kommt.

Wie verschiedene in Klammer gesetzte Anmerkungen zeigen, hat das Gespräch im Krankenhaus Faber noch nicht zur Einsicht in seine verfehlte Existenz geführt. Erst in der „Verfügung für Todesfall" wird sein neues Ich in Umrissen erkennbar.

Die Ergebnisse der Analyse lassen sich in dem folgenden Tafelbild zusammenfassen:

Tafelbild	
„Diskussion mit Hanna": „altes" Ich	**„Verfügung für Todesfall": „neues" Ich**
– widernatürliche Leugnung von Alter und Tod – Leben als Addition und Repetition, nicht als „Gestalt in der Zeit" – Beispiel für Fabers „Irrtum": Beziehung zu Sabeth – Nutzbarmachung der Schöpfung, kein Umgang mit der Welt als Partner – falsches Bewusstsein: „Weltlosigkeit des Technikers", „Blindheit" Fabers	– Vernichtung der Berichte und der anderen Dokumente als Zeugnisse von Fabers „Irrtum" – Annahme der Zeitlichkeit als Grundbedingung der menschlichen Existenz – Freude über den erfüllten Augenblick „Ewigkeit im Augenblick" – Befreiung von der Lebensblindheit

▶ 2 Tagebuchaufzeichnung Hannas

Hanna versucht nach Sabeths Tod verzweifelt eine Neuorientierung ihres Lebens. Sie gibt ihren Arbeitsplatz als Archäologin auf und verlässt Athen, wirft ihre Pläne aber um und kehrt zurück. Nun beginnt sie, selbstkritisch über ihre frühere Beziehung zu Faber nachzudenken. Sie wird sich ihrer eigenen Schuld bewusst, die sie dem todkranken Vater ihres Kindes bekennt.

Dieser innere Zwiespalt Hannas und die revidierte Haltung gegenüber Faber ist das Thema der Tagebuchaufzeichnung.

▶ 3 Abschließende Diskussion über den *Homo faber*

Die drei angegebenen Aspekte dienen der inhaltlichen Strukturierung der Diskussion. Sie ist auf die Texte von Frisch und Kaiser bezogen und greift auf die Ergebnisse der bisherigen Beschäftigung mit dem Roman zurück.

Das versäumte Leben
und die Idee vom richtigen Leben

> „Sicher hat auch unsereiner, ohne es zu merken, eine déformation professionnelle. Ich mußte lächeln, wenn Hanna so redete." (S. 154$_{16-18}$)
>
> „Auf der Welt sein: im Licht sein." (S. 216$_6$)

„Dieser Mann lebt an sich vorbei, weil er einem allgemein angebotenen Image nachläuft, das von ‚Technik'. Im Grunde ist der ‚Homo faber', dieser Mann, nicht ein Techniker, sondern er ist ein verhinderter Mensch, der von sich selbst ein Bildnis gemacht hat, der sich ein Bildnis hat machen lassen, das ihn verhindert, zu sich selbst zu kommen ... Der ‚Homo faber' ist sicher ein Produkt einer technischen Leistungsgesellschaft und Tüchtigkeitsgesellschaft, er mißt sich an seiner Tüchtigkeit, und die Quittung ist sein versäumtes Leben. In einer bäuerlichen oder vortechnischen Gesellschaft wäre das nicht möglich. Das ist ein Produkt dieses *American way of life*, wie man es damals noch sehr gläubig nannte."

Max Frisch im Gespräch mit Schülern. In: Rudolf Ossowski (Hrsg.): Jugend fragt – Prominente antworten. Berlin 1975, S. 121 f.

„Liest man den Bericht heute wieder, dann erkennt man, wie sehr die Zeit den Konflikt des Homo Faber bestätigt und zugespitzt hat. Der Ingenieur, der sich in Museen langweilt, der Sonnenuntergänge zu berechenbaren Ereignissen banalisiert, der dabei freilich einen erstaunlich genauen, fantasiebeschwingten Blick, ein präzises, erschütterungsfähiges Erinnerungsvermögen besitzt – damals erschien er uns als ein eigentlich ganz vernünftiger, sehr streng bestrafter Mann. (Bestraft übrigens, weil er es riskierte, sich fast hemmungslos zu verlieben.) Heute lesen wir das Buch neu. Wir wissen mittlerweile, wie sehr der Typus des Homo faber dem Homo ludens nach dem Leben trachtet.

Wir wissen auch, dass Planmäßigkeit und Egoismus des Homo faber gegenwärtig eine direkte Bedrohung unserer Welt darstellen. Als der ‚Homo faber' erschien, dachte kein Mensch ernsthaft an Umweltschutz, an Ökologie, an Energieressourcen, die infolge planlos-planmäßiger ‚Ausnutzung' zu Ende gehen könnten. Heute sehen wir ein, dass wir zwar auf die produktiven Künste des Homo faber angewiesen sind wie nie zuvor – aber auch sein Zerstörerisches hat sich in knapp zwei Jahrzehnten brutal enthüllt.

So ist Max Frischs Homo faber hinausgewachsen über eine moderne und private Ödipusvariation zum Modell eines allgemeinen Konflikts, für dessen Gefährlichkeit uns mittlerweile die Augen geöffnet wurden."

Joachim Kaiser: Max Frischs Homo faber.
Frankfurt am Main 1975, S. 1 f.

▶ 1 Die Idee vom wirklichen Leben.
Analysieren Sie, ausgehend von den beiden Zitaten aus dem Roman, Fabers Diskussion mit Hanna (S.184$_{12}$–185$_3$) und seine „Verfügung für Todesfall" (S. 216$_{3-12}$).
Klären Sie dabei, wie in diesen Auszügen die Idee vom wirklichen Leben Konturen gewinnt.
Wie weit ist Faber nach Ihrer Ansicht auf dem Weg zu sich selbst gekommen?

▶ 2 Gegen ihre ursprüngliche Absicht bleibt Hanna unter veränderten Bedingungen in Athen. Was in diesen schwierigen Tagen in ihr vorgeht und was sie Faber vor der Operation noch sagen will, vertraut sie ihrem Tagebuch an.
Verfassen Sie diese Aufzeichnung. (S. 216$_{13}$–220$_{33}$)

▶ 3 Versäumte Zeit – verratene Geschichte – gefährdete Zukunft.
Diskutieren Sie zum Abschluss Ihrer bisherigen Beschäftigung mit dem *Homo faber* über dieses Thema.
Welche Bedeutung hat Frischs Roman nach Ihrer Auffassung für die Gegenwart?
Lesen Sie zur Vorbereitung der Diskussion die obigen Texte von Max Frisch, Christian Walther (S. 46), Joachim Kaiser sowie den entsprechenden Abschnitt aus dem Kommentar von Walter Schmitz (S. 249–251).

KOPIERVORLAGE 16

Max Frisch und die Rezeption seines Romans

Der Schriftsteller Max Frisch und die Öffentlichkeit

Der erste Teil dieser Sequenz ist der Biografie des Autors und seinem Selbstverständnis als Schriftsteller gewidmet. Wenn Max Frisch zu politischen Fragen Stellung nimmt, tut er dies als überzeugter Demokrat, der vor Fehlentwicklungen warnt. Im Zentrum seiner Kritik stehen vor allem die Ideologien.

▶ **1 Das Leben von Max Frisch und die Entstehungsgeschichte des Romans**

Für die Vermittlung der Biografie ist das Schülerreferat die methodisch angemessene Form. Zwei Mitglieder des Kurses teilen sich die Aufgabe und fertigen eine biografische Skizze bzw. einen Überblick über die Entstehungsgeschichte des Romans an.

Bei Rückfragen der MitschülerInnen sollten die Referenten Rede und Antwort stehen und auch die Moderation übernehmen.

▶ **2 Max Frischs Selbstverständnis als Schriftsteller und Staatsbürger**

In Max Frischs Brief und seiner Solothurner Rede spiegelt sich der literarische Diskurs der späten Sechzigerjahre. Der Autor wendet sich gegen den Missbrauch der Literatur als Mittel der „Propaganda für eine Ideologie", einer unpolitischen Literatur redet er indessen keineswegs das Wort. Als Verarbeitung menschlicher Erfahrungen ist die Literatur, so Frisch, Sprach- und Ideologiekritik, die die Aussagen auf ihren Wirklichkeits- und Wahrheitsgehalt überprüft. Je nach den Voraussetzungen des Kurses sollten die drei Positionen mit Beispielen verdeutlicht werden.

Der Inhalt des Auszugs aus M. Frischs Solothurner Rede wird am besten unter zwei Leitfragen erarbeitet:
Welches sind nach Frisch die zentralen Ideen der Aufklärung?
Warum ist sie nach seiner Ansicht gescheitert?
Die Ergebnisse lassen sich in systematisierter Form im folgenden Tafelbild zusammenfassen:

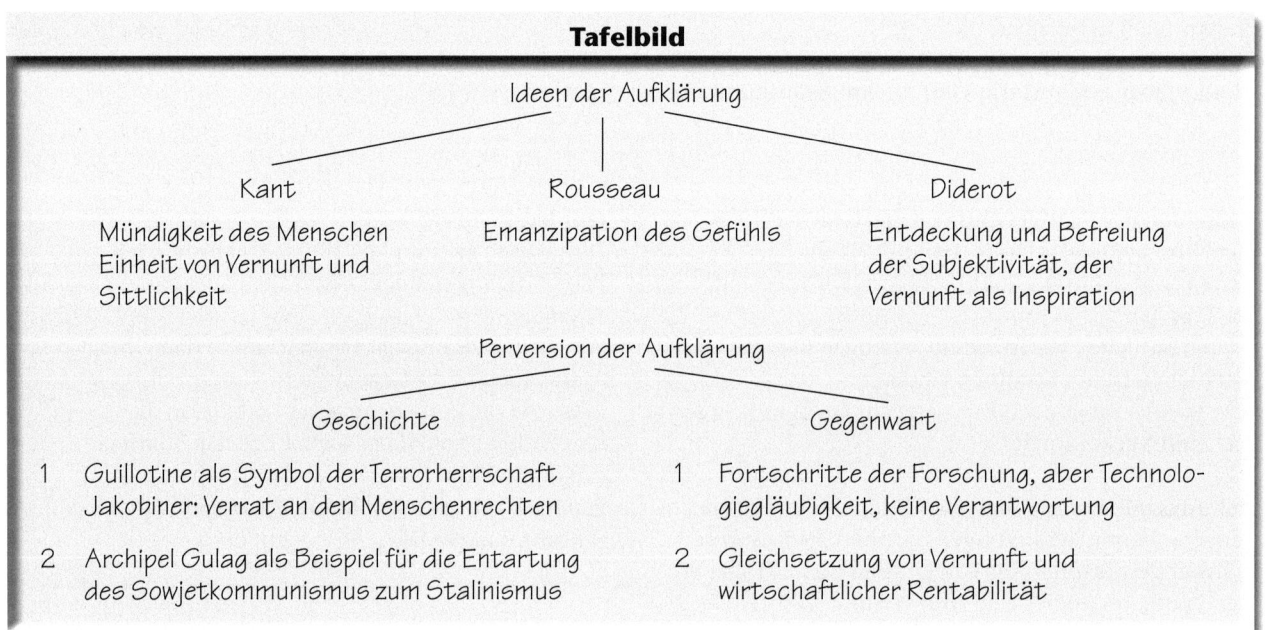

Tafelbild

Ideen der Aufklärung

Kant	Rousseau	Diderot
Mündigkeit des Menschen Einheit von Vernunft und Sittlichkeit	Emanzipation des Gefühls	Entdeckung und Befreiung der Subjektivität, der Vernunft als Inspiration

Perversion der Aufklärung

Geschichte	Gegenwart
1 Guillotine als Symbol der Terrorherrschaft Jakobiner: Verrat an den Menschenrechten	1 Fortschritte der Forschung, aber Technologiegläubigkeit, keine Verantwortung
2 Archipel Gulag als Beispiel für die Entartung des Sowjetkommunismus zum Stalinismus	2 Gleichsetzung von Vernunft und wirtschaftlicher Rentabilität

▶ **3 *Homo faber* vor dem Hintergrund der Biografie Max Frischs und der gesellschaftlichen Entwicklung**

Biografische Bezüge sind zweifellos gegeben, doch Frischs „Versuche mit dem Ich" sind fiktionale Gestaltungen von Erfahrungen und „Verkleidungen" der Privatperson, die sich mehr verhüllt als preisgibt. Der thematische Zusammenhang zwischen der Solothurner Rede und dem *Homo faber* liegt auf der Hand. In den Augen Frischs hat die „Verführung des technischen Zeitalters" (Walter Schmitz) mit den Jahren noch zugenommen.

Der Schriftsteller Max Frisch und die Öffentlichkeit

Literatur und Gesellschaft

„Es gibt keine Literatur, die nicht engagiert ist. Wenn wir heute von Engagement sprechen, meinen wir allerdings immer das direkt-politische Engagement: Literatur als Propaganda für eine Ideologie. Es ist aber schon ein Engagement, wenn Literatur die gebräuchliche Sprache auf ihren Wirklichkeitsgehalt hin testet; ein Engagement an die Realität, somit Kritik an der Ideologie. Wir kommen ohne Ideologie nicht aus, aber sie braucht immerzu eine Kontrolle. Diese leistet die Literatur – auch dann, wenn sie nicht mit einem direkt-politischen Engagement auftritt, gerade dann."

Max Frisch: Dramaturgisches. Ein Briefwechsel mit Walter Höllerer.
Berlin 1969, S. 38–39

Wieso ist die Aufklärung gescheitert?

„Wer auf die Guillotine verweist, um die Aufklärung zu diskreditieren, muß und wird auch auf Gulag verweisen; auf Widersprüche der russischen Revolution. Was sich die Revolutionäre dort erträumten anstelle des Zarismus, war wohl nicht der Absolutismus einer Partei, der Sowjetismus also, geschweige denn Stalinismus – der ein historisches Faktum bleibt und als solches eine schwere Hypothek für die Aufklärung (wie die Inquisition eine Hypothek für die Christen-Kirche) ... Die Aufklärung, die erste, war eine Epoche der Empfindsamkeit. Jean-Jacques Rousseau schwärmte, und verkündet wurde eine „Kultur der Gefühle", die da kommen soll. Und Diderot: bei aller Brisanz seines Intellekts ein empfindsamer Entdecker der Subjektivität und ein Befreier eben dadurch; Vernunft als Inspiration ...

Der Komet hingegen, der in diesem Frühjahr wieder einmal unser Sonnensystem besucht, hält sich an die Umlaufbahn, die Halley, ein englischer Astronom, errechnet hat zu einer Zeit plebejischen und fürstlichen Aberglaubens; der englische König glaubte zum Beispiel, der Komet gelte ihm persönlich, und hatte Durchfall. Naturwissenschaft also; auch sie ist im Begriff, zum Defizit der Aufklärung zu werden. Gemeint war ja nicht ein schierer Rationalismus – ein Kopernikus und ein Galilei verneinten nicht Gott, nur die Kirche zu Rom mochte sein Sonnensystem nicht – sondern gemeint war die große Vernunft: als sittliche Vernunft im Widerspruch zum Aberglauben. Was wir der Naturwissenschaft zu verdanken haben, steht außer Frage: bis zu einer gewissen Grenze. Wo beginnt das Defizit? Wissenschaft ohne sittliche Vernunft und infolgedessen eine wissenschaftliche Forschung, deren Folgen niemand zu verantworten hat, das ist schon mehr als ein Defizit, nämlich die Perversion der Aufklärung, die uns mündig machen soll. Aufklärung heute ist Revolte gegen den Aberglauben in die Technologie, die den Menschen antiquiert, wie Günter Anders es bezeichnet, und zur Ohnmacht gegenüber der Technologie führt. Das alles wäre Alarm genug, aber als Alarm nicht wirksam in einer Gesellschaft, die darauf besteht: Vernünftig ist, was rentiert.

Ja, vieles ist schiefgelaufen!

Am Ende der Aufklärung also steht nicht, wie Kant und die Aufklärer alle hofften, der mündige Mensch, sondern das Goldene Kalb, bekannt schon aus dem Alten Testament –"

Max Frisch: Am Ende der Aufklärung steht das Goldene Kalb. Rede, gehalten am 10. Mai 1986 in Solothurn. In: Max Frisch: Schweiz als Heimat? Hrsg. von Walter Obschlager. Frankfurt am Main 1990, S. 464–465

▶ 1 Zwei Mitglieder des Kurses übernehmen den Auftrag, ein Referat über das Leben Max Frischs und die Entstehungsgeschichte des Romans (S. 252 ff.) anzufertigen.

▶ 2 Arbeiten Sie heraus, wie Max Frisch im ersten Textauszug die Funktion der Literatur bestimmt und wie er in seiner Rede über die Aufklärung der Rolle des engagierten Staatsbürgers gerecht wird.

▶ 3 Frischs *Homo faber*, gesehen als Reflex der eigenen Lebensgeschichte und im Licht gesellschaftlicher Entwicklungen – zu welchem Urteil kommen Sie?

KOPIERVORLAGE

17

Spiegelungen und Variationen:
Zur Rezeption des *Homo faber*

Uwe Timm, *Der Schlangenbaum* (1986)

▶ 1 Buchbericht über den Roman „Der Schlangenbaum" (s. S. 44)

Der Buchbericht sollte so angelegt sein, dass er den Vergleich der beiden Romane vorbereitet. Hervorzuheben sind dabei die folgenden Gesichtspunkte: Annahme des Firmenauftrags als Flucht vor der Familie, technische und organisatorische Probleme auf der Baustelle in Südamerika, Unterschätzung der Korruption in der Wirtschaft und der Macht der Militärjunta, Liebe zu der neunzehnjährigen Luisa als emotionaler Ausgleich, plötzliche Verhaftung des Mädchens als mutmaßliches Mitglied der Untergrundbewegung.

▶ 2 Die Industrialisierung in der Sicht von Wagner, Juan und Hartmann

Die Standpunkte der drei Figuren lassen sich recht klar voneinander abgrenzen. Wagner befürwortet die Industrialisierung ohne Vorbehalte, Juan und Hartmann hingegen fragen nach deren Sinn und betrachten sie aus der Sicht der unterentwickelten Länder. Die Begründung für die unterschiedlichen Positionen kann im Einzelnen textnah und systematisierend rekonstruiert werden.

▶ 3 Vergleich dieser Positionen mit der Einstellung Fabers und Marcels

Wagners Einstellung deckt sich im Kern mit der Fabers, Juan versteht wie Marcel das Konzept der Industrialisierung als säkularisierte Heilsbotschaft. Die Position Hartmanns, die von Fabers Denken weit entfernt ist, spiegelt den Abstand von mehr als drei Jahrzehnten, der zwischen den beiden Romanen liegt; Hartmann übt Kritik an der eurozentrischen Perspektive und an der Vernachlässigung ökologischer Faktoren.

Christoph Hein, *Drachenblut* (1983, Erstausgabe 1982: Der fremde Freund)

▶ 1 Buchbericht über Heins Novelle

Auch hier dient die Aspektierung des Berichts dem Vergleich der Protagonistin mit Walter Faber. Wichtige Faktoren im Leben Claudias: die tiefe Verletzung als Folge des Konflikts mit der Jugendfreundin Katharina, die nicht ausgelebte Beziehung zu ihrem Freund Henry, die geringe Bedeutung des Menschlichen in ihrer Berufspraxis als Ärztin, die Funktion des Fotografierens als eine Art Lebensersatz, schließlich die lähmenden politischen Verhältnisse in der DDR.

▶ 2 Vergleich der Protagonistin mit Walter Faber

Die beiden Zitate lenken den Blick auf die lebensverweigernde Grundhaltung von Claudia. Verschiedene Parallelen zwischen der Existenz der beiden Figuren werden erkennbar: die Abkapselung des eigenen Ich, die Verdrängung der Gefühle und ihr vermeintlicher Schutz durch den Panzer der Rationalität, die unerfüllten Sehnsüchte als Ausdruck emotionaler Defizite.

Homo Faber. Ein Film von Volker Schlöndorff nach dem Roman von Max Frisch

Bei der Beschäftigung mit dem Film kann in diesem Zusammenhang eine angemessene Analyse nicht geleistet werden. Die beiden ersten Aufgaben sind als „Sehhilfen" gedacht, die den Blick für die Wahrnehmung der Titelfigur schärfen. Schlöndorffs Entscheidung für die „Lesart" Liebesgeschichte führt zu einem Verlust an Komplexität; Fabers Leben erscheint ungeschichtlich und im tragischen Sinne schicksalhaft.

Spiegelungen und Variationen:
Zur Rezeption des *Homo faber*

Uwe Timm
Der Schlangenbaum (1986)

▶ **1** Verfassen Sie einen Buchbericht über Uwe Timms Roman „Der Schlangenbaum".
Stellen Sie dabei die folgenden Gesichtspunkte in den Vordergrund: Wagners Familie – seine berufliche Arbeit in Südamerika – die Machthaber im Land und ihre Gegner – die Beziehung zu Luisa.

▶ **2** Arbeiten Sie anhand der beiden Textauszüge im Materialienteil (s. S. 44) heraus, wie Wagner auf der einen Seite und Juan sowie Hartmann auf der anderen Seite die Industrialisierung der unterentwickelten Länder beurteilen.

▶ **3** Vergleichen Sie die Einstellung der drei Figuren mit der Walter Fabers und Marcels (*Homo faber*, S. 54$_{21-25}$). Sehen Sie noch andere Parallelen zwischen den beiden Romanen?

Christoph Hein
Drachenblut (1983)

„Ich bin auf alles eingerichtet, ich bin gegen alles gewappnet, mich wird nichts mehr verletzen. Ich bin unverletzlich geworden. Ich habe in Drachenblut gebadet und kein Lindenblatt ließ mich irgendwo schutzlos. Aus dieser Haut komme ich nicht mehr heraus. In meiner unverletzbaren Hülle werde ich krepieren an Sehnsucht nach Katharina."

Christoph Hein: Drachenblut. München 1985, S. 172–173

„Offenbar erfordert das Zusammenleben von Individuen einige Gitterstäbe in eben diesen Individuen. Die dunklen Kerker unserer Seelen, in die wir einschließen, was die dünne Schale unseres Menschseins bedroht. Ich verdränge täglich eine Flut von Ereignissen und Gefühlen, die mich demütigen und verletzen. Ohne diese Verdrängungen wäre ich nicht fähig, am Morgen aus dem Bett aufzustehen. Gitter, die uns vom Chaos trennen … Wir haben uns auf der Oberfläche eingerichtet. Eine Beschränkung, die uns Vernunft und Zivilisation gebieten."

ebd., S. 96–97

▶ **1** Fertigen Sie einen Buchbericht über Christoph Heins Novelle „Drachenblut" an, in dessen Mittelpunkt die Protagonistin Claudia steht. Berücksichtigen Sie dabei die folgenden Aspekte: Claudias Beruf und Berufsauffassung – die Beziehung zu ihrer Jugendfreundin Katharina – das Verhältnis zu ihrem Freund Henry – die

Bedeutung des Fotografierens – die politische Situation des Landes.

▶ **2** Vergleichen Sie auf der Grundlage des Buchberichts und der obigen Zitate die beiden Romanfiguren Claudia und Walter Faber.

Homo faber. Ein Film von Volker Schlöndorff nach dem Roman von Max Frisch

▶ **1** Gesetzt den Fall, Sie wären bei einer Neuverfilmung von Max Frischs Roman als Darsteller Walter Fabers vorgesehen.
Entwickeln Sie in einem Gespräch mit dem Regisseur, was Sie an dieser Rolle fasziniert und welche Schwierigkeiten Sie gegebenenfalls damit haben.

▶ **2** Teilen Sie, bevor Sie den Film von Volker Schlöndorff gemeinsam ansehen, die folgenden Beobachtungsaufträge untereinander auf: Aufbau der Filmhandlung und Schauplätze – Hauptfiguren Faber, Hanna und

Sabeth – auffällige Abweichungen des Drehbuchs von der Vorlage.
Einigen Sie sich darauf, welche Sequenzen Sie sich unter filmästhetischen Aspekten noch einmal ansehen.

▶ **3** Konzentrieren Sie sich in dem auswertenden Gespräch zunächst auf die Titelfigur und vergleichen Sie das Ergebnis mit Ihrem eigenen Rollenverständnis.
Zu welchem Urteil über den ganzen Film kommen Sie? Fassen Sie Ihre Meinung in einer Filmkritik zusammen.

Zusatzmaterialien

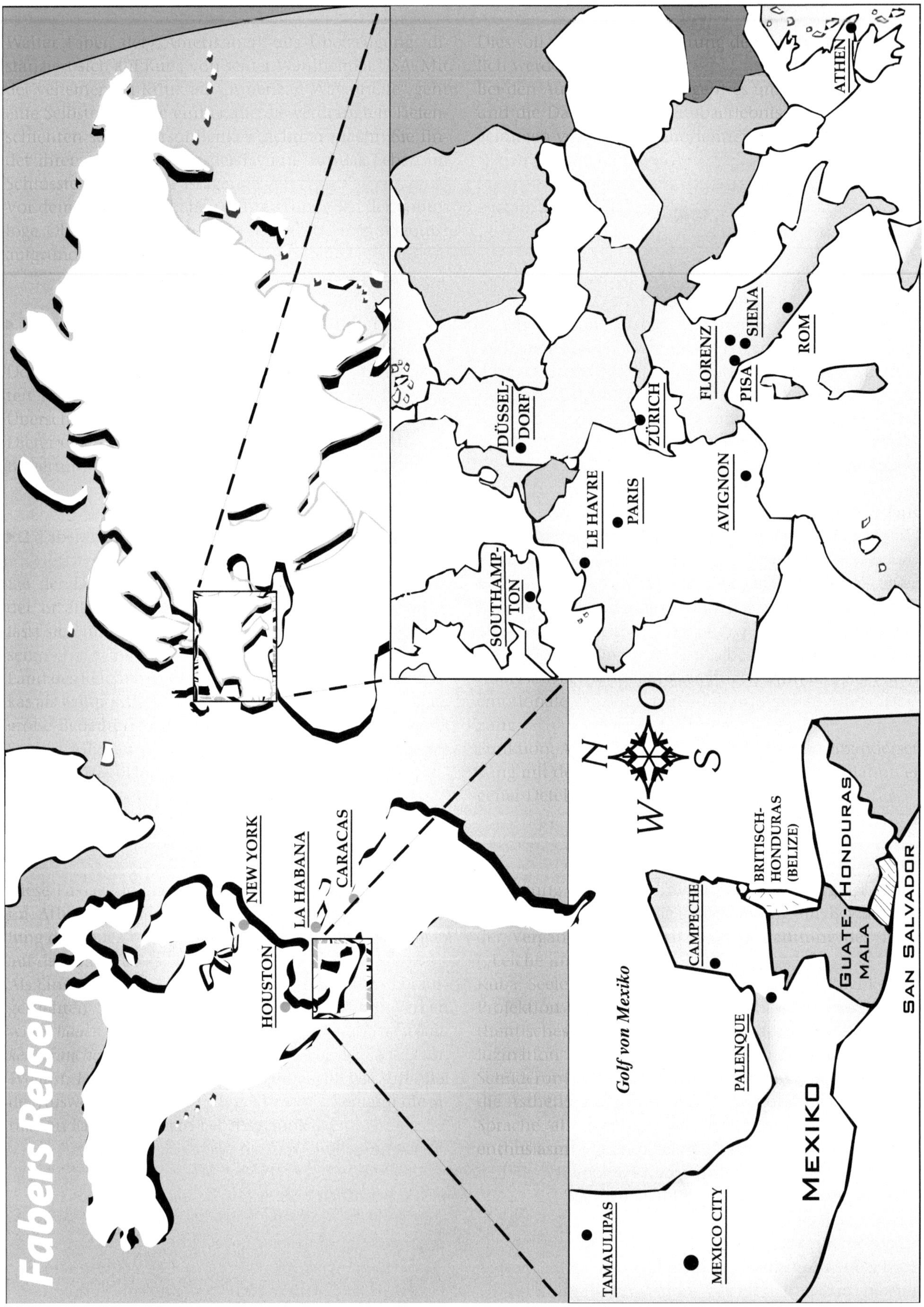

ATHEN

DÜSSEL-
DORF

ZÜRICH

FLORENZ

PISA

SIENA

ROM

LE HAVRE

PARIS

AVIGNON

SOUTHAMP-
TON

Fabers Reisen

NEW YORK

LA HABANA

CARACAS

HOUSTON

N

O

S

W

BRITISCH-
HONDURAS
(BELIZE)

GUATE-
MALA

HONDURAS

CAMPECHE

SAN SALVADOR

Golf von Mexiko

PALENQUE

MEXIKO

TAMAULIPAS

MEXICO CITY

Der Mensch in der Epoche der Hochtechnologien

Maschinen wie du und ich
Interview mit Ray Kurzweil

Ray Kurzweil: amerikanischer Computerwissenschaftler und Unternehmer, Verfasser des Buches *Homo s@piens* (1999)

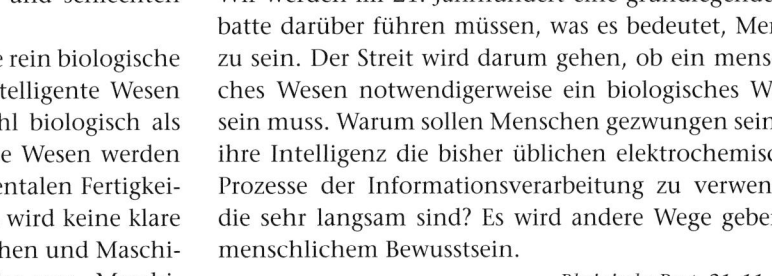

Wenn Sie Recht behalten, leben wir bald in Gesellschaft von „menschlichen" Maschinen. Was wäre daran wünschenswert?

Zwischen heute und 2030 werden wir sehr intelligente, schnelle, kleine Maschinen bauen. Natürlich birgt das Gefahren. Aber der Punkt ist: Dieselbe Technologie, die uns in die Lage versetzt, den Krebs zu besiegen, kann von Terroristen für einen Anschlag missbraucht werden. Man kann also nicht zwischen guten und schlechten Technologien unterscheiden …

2099 wird es noch Menschen geben, die rein biologische Wesen sind. Aber wir werden auch intelligente Wesen haben, die Mischformen sind – sowohl biologisch als auch technisch basiertes Denken. Diese Wesen werden aussehen wie du und ich. Aber ihre mentalen Fertigkeiten werden entschieden weiter sein. Es wird keine klare Unterscheidung mehr zwischen Menschen und Maschinen geben. Wir werden eine andere Idee von „Maschine" haben. Wenn Sie heute das Wort „Maschine" hören, denken Sie an etwas, das ganz anders ist als ein menschliches Wesen: einfacher, viel weniger feinsinnig, ohne Gefühle. Das wird sich bald ändern. Maschinen werden empfindsame Wesen sein, tief, komplex und reich an Gefühlen.

Umso mehr. Wird es dann noch etwas exklusiv Menschliches geben? Etwas, das gewissermaßen der Schöpfung die Krone aufsetzt?

Wir werden im 21. Jahrhundert eine grundlegende Debatte darüber führen müssen, was es bedeutet, Mensch zu sein. Der Streit wird darum gehen, ob ein menschliches Wesen notwendigerweise ein biologisches Wesen sein muss. Warum sollen Menschen gezwungen sein, für ihre Intelligenz die bisher üblichen elektrochemischen Prozesse der Informationsverarbeitung zu verwenden, die sehr langsam sind? Es wird andere Wege geben zu menschlichem Bewusstsein.

Rheinische Post, 21. 11. 2000

Die Demokratisierung des Bösen
Interview mit Bill Joy

Bill Joy: Computerforscher, Mitbegründer und wissenschaftlicher Leiter von Sun Microsystems

Technischer Fortschritt, sagen fast alle Ökonomen und Wissenschaftler, ist positiv. Sie dagegen meinen, dass technischer Fortschritt die Menschheit im 21. Jahrhundert an den Rand des Abgrunds treiben kann. Warum?

Vorneweg: Ich bin kein Gegner technischer Entwicklung, ich glaube an den Wert wissenschaftlicher Forschung. Ohne technischen Fortschritt, etwa in der Landwirtschaft oder der Medizin, könnten die meisten Menschen heute nicht existieren. Aber mit drei modernen Techniken – Gentechnik, Nanotechnik und Robotertechnik – laufen wir Gefahr, unserer physischen Umwelt erheblichen Schaden zuzufügen. Diese Techniken machen es möglich, unsere Welt völlig neu zu gestalten. Wir können an einen Punkt kommen, an dem wir Werkzeuge und Techniken besitzen, die auch die Spezies Mensch ersetzbar machen …

Ihr Kollege Ray Kurzweil sagte in einem ZEIT-Interview voraus, dass Mensch und Maschine eins werden.

Kurzweil ist ein großartiger Erfinder und ich nehme ihn ernst. Irgendwann nach 2030 wird es möglich sein, einen Roboter zu bauen, der „Bewusstsein" hat. Die Frage ist dann, ob dieser Roboter dem folgt, was wir, seine Schöpfer, wollen.

Die Zeit, 23. 3. 2000

Die Gleichheit von Männern und Frauen und der Wandel der Geschlechterrollen

Ulrich Beck
Risikogesellschaft

„Wenn ‚Gleichheit' im Sinne der Durchsetzung der Arbeitsmarktgesellschaft für alle gedeutet und betrieben wird, dann wird – implizit – mit der Gleichstellung letztlich die *vollmobile Single-Gesellschaft* geschaffen. Die Grundfigur der *durchgesetzten* Moderne ist – zu Ende gedacht – der oder die *Alleinstehende*. In den Erfordernissen des Arbeitsmarktes wird von den Erfordernissen der Familie, Ehe, Elternschaft, Partnerschaft usw. abgesehen. Wer in diesem Sinne die Mobilität am Arbeitsmarkt ohne Rücksicht auf private Belange einklagt, betreibt – gerade als Apostel des Marktes – die Auflösung der Familie. Dieser Widerspruch zwischen Arbeitsmarkt und Familie (oder Partnerschaft ganz allgemein) konnte so lange verdeckt bleiben, wie Ehe für Frauen gleichbedeutend war mit Familienzuständigkeit, Berufs- und Mobilitätsverzicht …

In dem Leben, das – bei aller sozialen Orientierung und Vielfalt – im Kern allein geführt werden soll bzw. muss, sind Vorkehrungen erforderlich, die diese Art der Lebensführung gegen die in sie eingebauten Gefährdungen absichern. Kontaktkreise müssen aufgebaut und gepflegt werden für die verschiedensten Gelegenheiten.

Dies erfordert viel Bereitschaft auf der eigenen Seite, die Lasten der anderen mitzutragen. Eine Intensivierung des Freundschaftsnetzes bleibt unverzichtbar und ist auch der Genuss, den das Single-Dasein bietet. Gerade auch die ausgesuchten Flüchtigkeiten haben ihre Reize. Alles dies setzt eine möglichst sichere Berufsposition voraus – als Einnahmequelle und als Selbstbestätigung und Sozialerfahrung –, die entsprechend gepflegt und behauptet werden muss. Der so entstehende ‚Kosmos des eigenen Lebens' wird auf das Zentrum des Ich, seine Verletzlichkeiten, Möglichkeiten, Stärken und Schwächen hin zugeschnitten und ausbalanciert.

Doch in dem Maße, in dem diese individualisierte Existenzführung gelingt, wächst die Gefahr, dass sie zu einem unüberschreitbaren Hindernis für die ja meist doch angestrebte Partnerschaft (Ehe, Familie) wird. In dem Single-Dasein wächst die Sehnsucht nach dem (der) anderen ebenso wie die Unmöglichkeit, diesen Menschen in den Bauplan des nun wirklich ‚eigenen Lebens' überhaupt noch aufnehmen zu können."

Ulrich Beck: Risikogesellschaft. Auf dem Weg in eine andere Moderne. Frankfurt a.M. 1986, S. 198–200

Herrad Schenk
Die Befreiung des weiblichen Begehrens

„Umgekehrt enthält das sexuelle Erleben der Männer heute auch vormals weibliche Aspekte: Gefühle, die die Männer in der traditionell strukturierten sexuellen Begegnung oder Liebesbeziehung an die Frauen delegierten. Seit Frauen sich das Recht herausnehmen, mit ihrer Sexualität ähnlich umzugehen wie Männer, können die Männer sich nicht mehr darauf verlassen, dass die Frauen in den Beziehungen den Pol der Emotionalität, der Treue, der Geborgenheit und der Zuverlässigkeit repräsentieren, während sie sich auf das Abenteuer, das Risiko, die äußere Selbstbestätigung spezialisieren. Ganz gewiss gilt die Formel: Männer wollen Sex, Frauen wollen Liebe heute nicht mehr.

Dass sich Frauen und Männer heute nicht mehr durchgängig nach den alten Mustern von Weiblichkeit und Männlichkeit verhalten, erhöht einerseits das Konfliktpotenzial, aber es gibt den Geschlechtern auch die Chance, einander als Individuen näherzukommen und besser zu verstehen. Jetzt ist Kommunikation über

grundsätzlich nachvollziehbare Erfahrungen der oder des anderen möglich, wo sich früher nur die völlig fremden Lebenswelten der Geschlechter mit ihren unterschiedlichen Verhaltensweisen gegenüberstanden. Kommunikation ist aber auch erforderlich, weil das Verhalten einer Person anderen Geschlechts weniger gut voraussagbar ist. Will ich mich bei ihr sicher und geborgen fühlen, muss ich mit ihr ins Gespräch kommen und im Gespräch bleiben … Die Angleichung der Geschlechterrollen aneinander ist ein schon viele Generationen dauernder Prozess, der mit den sozialen Strukturen der industriellen Gesellschaft zusammenhängt. Immer entstehen als Reaktion auf eine schubweise Entwicklung in diese Richtung ideologische Gegenbewegungen. Auch heute gibt es eine starke Strömung innerhalb der Frauenbewegung wie in der Öffentlichkeit, die die Geschlechtsunterschiede retten will."

Herrad Schenk: Die Befreiung des weiblichen Begehrens. Köln 1991, S. 254–257

Zum Problem des Mythos in Max Frischs *Homo faber*

Frederick A. Lubich
Max Frischs Stiller, Homo faber und Mein Name sei Gantenbein

„Frischs Homo faber fügt beide Seiten dieser Moderne, ‚technische' Welt-Eroberung und ‚mystische' Welt-Erkenntnis, gleichsam wie Ober- und Unterbau spannungsreich zu einem Ganzen zusammen. Auf Grund seines phänotypischen Verweischarakters gewinnt Fabers Statur in beiden Bereichen mythische Konturen. Als technischer ‚Beherrscher der Natur' (107) ist er die Personifikation zweier mythischer Heroen, die – quasi als antike Projektionsfiguren entworfen – erst im Zeitalter der Technik ihre ganze Größe entfalten. Das eine Mythen-Vorbild ist Ikarus. Zusammen mit seinem Vater Dädalus verwirklichte er zum ersten Mal den Menschheitstraum vom Fliegen. Im Übermut seiner Himmelseroberung kam Ikarus allerdings der Sonne zu nahe, das Wachs seiner Flügel schmolz und er stürzte ab. – Nichts symbolisiert mehr den Triumph der Technik über die Natur als das Flugzeug: Überwindung der Schwerkraft durch Denkkraft, Siegesflug der Vernunft. Faber, der Roboter-Prophet und Flug-Experte, ist ein moderner Nachfahr des mythischen Himmelsbezwingers. In diesem Licht gibt sich denn auch das technische Versagen, der ‚Super-Constellation' als Mythencollage, als Ikaridensturz zu erkennen. – Das andere Heroen-Vorbild ist Prometheus. Er ging in die Mythengeschichte ein als berühmtester Herausforderer der natürlichen Gottesordnung – sprich: erster Zivilisator der Urzeit-, weil er Menschen aus Lehm nach göttlichem Ebenbild schuf. Zeus schmiedete ihn zur Strafe an die Felsen des Kaukasus, wo ihm ein Adler unter endlosen Qualen die Leber aushackte … Faber stirbt schließlich, ‚mehr als ein Zufall' (22) auch das, an einer Prometheus-Wunde – *mutatis mutandis* – an Magenkrebs, der Zivilisationskrankheit schlechthin.

Damit ist Fabers mythische Personalunion mit Ikarus und Prometheus noch nicht erschöpft. Beide Heroen sind Protagonisten einer archaischen Revolution, die sich vom weiblichen Prinzip zu befreien suchte. Prometheus schuf sich eine reine Männerwelt, was den Zorn des Zeus erregte. Ikarus floh mit seinem Vater aus dem Labyrinth des minoischen Kreta, dem mutterrechtlichen Machtzentrum mittelmeerischer Frühkultur. (Wie Ikarus kreist auch Faber vor seinem Absturz über muttermythischem Territorium, nämlich über dem Ivy-Sumpf-Land von Tampico.) Das legendäre Scheitern von Prometheus und Ikarus – für Faber, den Phänotyp der Moderne, ist es

doppeltes Menetekel. Erst im Zeitalter der Gen- und Maschinentechnik wird das kreative wie destruktive Potential der mythischen Menschenbildner und Maschinenbauer ganz erkennbar. Ihre rein maskuline, rational technische Welt- und Himmelseroberung ist die eine Seite der Moderne, das Reich des ‚Homo faber'.

Die andere Seite der Moderne, der ‚Abgrund', das ‚absolut Andere', ist das mythische Labyrinth des ‚großen Weiblichen', dem Prometheus, Ikarus – und Faber vergeblich zu entfliehen suchten. In anderen Worten, es ist die Welt der Mystik, der ‚Religiosität des Unbewussten', das Reich des ‚Homo religiosus' … In Fabers eleusinischer Re-Orientierung kehrt sein psychischer Verdrängungskomplex in archetypischen Figurationen wieder und belehrt den Fach-Mann eines ‚anderen', bekehrt ihn zum weiblichen Prinzip – zum Partner, dem ‚anderen' Teil seiner selbst. – Der in der Mythenwelt erklärtermaßen unbewanderte Techniker folgt in seiner Reorientierung am ‚Andern' einem traditionsreichen Mythenmuster.

Er findet sich nicht nur in der Nachfolge von Ödipus und Agamemnon, was ihm bruchstückweise bewusst wird, er folgt auch blind den Spuren des Odysseus. Was dieses Heroen-Triumvirat verbindet, ist vor allem Folgendes: Sie kehren nach langem Krieg (Männer-Sache), erfolgreichem Kampf (um die Frau: Helena von Troja, die Königin von Theben) und Irrfahrt in der Fremde wieder in die Heimat zurück. Odysseus zur liebenden Penelope, Agamemnon zur rächenden Klytemnästra und Ödipus zur leiblichen Mutter Iokaste. Alle drei Frauenfiguren sind Figurationen des fruchtbaren Magna-Mater-Archetyps (69). Auch Fabers Montage-Touren sind eine Odyssee rund um die Welt; wie der homerische Held ist er für zwei volle Jahrzehnte von der früh Verlassenen getrennt. Und er teilt mit Odysseus nicht nur die Nostros, die Heimkehr zur Geliebten, sondern auch die Nekya, die Hadesfahrt (in welcher Odysseus dem toten Freund Achill und Faber dem toten Freund Joachim – fast ein Anagramm zu Achill – wiederbegegnet) (70)."

(Die Seitenangaben in Klammern beziehen sich auf die Suhrkamp Taschenbuchausgabe st 354.)
Frederick A. Lubich: Max Frischs Stiller, Homo faber und Mein Name sei Gantenbein. München 1990, S. 78–80

Uwe Timm
Der Schlangenbaum

Der Ingenieur Wagner hat im Auftrag einer deutschen Firma die technische Leitung eines Großprojekts in einem südamerikanischen Land übernommen. Mitten im Urwald entsteht eine Papierfabrik. Auf der Fahrt zur Baustelle unterhält sich Wagner mit seinem indianischen Dolmetscher Juan.

„Wissen Sie, sagte Wagner, wir bauen Brücken, aber wohin die kommen, wie die genutzt werden sollen, das ist nicht unsere Sache. Das ist unser Job.
Doch.
Was schlagen Sie vor?
Man muss genau wissen, was und für wen man was macht.

Juan drehte sich plötzlich um und sagte: Dort, wo mein Stamm lebt, am Rio Yacaré, wohnt oben am Fluss ein Missionar und unten am Fluss wohnt ein Missionar. Unser Kazike sagt immer: Es sind zwei zu viel.
Gut, sagte Wagner, wir sind keine Missionare.
Doch, sagte Juan, ihr Ingenieure seid Missionare. Und ihr seid die mächtigeren. Ihr vollbringt nämlich die Wunder, von denen die anderen nur reden, ihr verändert von heute auf morgen alles.
Nein, wir sind nur die Handlanger, und wunderbar ist daran auch nichts."

Uwe Timm: Der Schlangenbaum.
Köln 1986, S. 140–141

Der Ingenieur Hartmann, der die Situation vor Ort und die Mentalität der einheimischen Bevölkerung kennt, hat den Vertrag mit der Firma nicht verlängert und kehrt bald nach Deutschland zurück. Wagner spricht mit ihm über die politischen Verhältnisse und die Entwicklung des Landes.

„Die Firma schützt uns. Ein wenig. Schließlich hat sie Kontakte zum Militär. Hartmann rieb den Zeigefinger am Daumen. Seien Sie vorsichtig. Mischen Sie sich nicht ein. Es ist lebensgefährlich. Haben Sie deshalb gekündigt?
Nein. Ich habe mich hier nicht eingemischt. Es geht nicht, auch wenn man es wollte. Der Kampf spielt sich außerhalb unserer klimatisierten Bungalows und Appartements ab.
Und warum gehen Sie?
Hartmann lächelte und zuckte die Schultern.
Aber Sie müssen doch einen benennbaren Grund, haben?
Ja. Man kann den Dingen nicht eine ihnen fremde Logik aufzwingen, und erst recht nicht den Menschen. Sonst vergewaltigt man sie. Sie sind dann zerbrochen, auch die Dinge.
Wagner zog eine Zigarette aus der Packung. Er hatte Mühe, seine Aufregung zu verbergen. Beim Anzünden brach er ein Streichholz ab. Aber die Logik setzt sich von ganz allein durch, sagte er, nachdem er die Zigarette angeraucht hatte, und zwar gewaltlos. Es ist der Wunsch nach dem Anderen, nach einem Mehr, der Wunsch

nach dem Transistor, nach dem Messer aus rostfreiem Stahl, nach der Coca Cola, es ist ein universeller Wunsch, der Wunsch des Genießens und der Bequemlichkeit. Niemand will mit der Hacke den Boden bearbeiten, wenn er einmal einen Motorpflug gesehen hat.
Ich weiß, sagte Hartmann, das ist bei uns eine verbreitete Meinung. Das sagen diejenigen, die immer schon wussten, wo es langgeht. Erst wussten sie genau, was den Leuten guttut, nämlich Fortschritt und Zivilisation, und jetzt, was ihnen nicht guttut, nämlich Fortschritt und Zivilisation. Gestern haben sie über die Leute gelacht, weil die keine Corbusier-Hochhäuser wollten, heute lachen sie über die Leute, weil sie solche Häuser haben wollen. Es sind die ewigen Klugscheißer, auch dann, wenn sie sich selbst als Eurozentristen kritisieren. Wagner überlegte, ob er auch mit diejenigen gemeint war, aber da er die Leute nicht kritisiert hatte, dachte er, konnte ihn Hartmann auch nicht gemeint haben.
Ich bin ja dafür, sagte Wagner, dass hier industrialisiert wird. Wo Menschen verhungern, ist das Entsorgungsproblem beim Atommüll eine recht akademische Frage. Ob der Müll noch hundert oder gar tausend Jahre strahlt, ist für denjenigen, der heute verhungert, ziemlich egal.
Aber Hartmann hatte gar nicht zugehört. Er sagte, die Leute müssen das selbst übernehmen. Die wissen weit besser, was sie wollen und was nicht, ich meine diejenigen, die von uns noch nicht bestochen worden sind."

ebd., S. 225 f.

Zur Deutung von Max Frischs *Homo faber*

Walter Henze
Die Erzählung in Max Frischs Roman Homo faber

„Bänziger spricht von einer Wandlung Fabers am äußersten Ende seines Berichts und seines Lebens und stellt die überraschende Behauptung auf, dass sich Faber, im Unterschied zu Stiller, nicht mit seinem Innern herumquäle. Berücksichtigt man aber, wer hier erzählt und wie erzählt wird, dann zeigt sich, dass der Ingenieur nicht erst blind war und dann sehend wurde, sondern dass außer dem Nacheinander auch ein Nebeneinander und Durcheinander der Standpunkte für ihn charakteristisch ist. Bis zu den letzten Seiten des Berichts bewahrt er hartnäckig Züge des einseitigen Rationalisten, aber schon seit den ersten Seiten setzt er sich mit der Gegenposition auseinander, die er angeblich erst um 04.00 in neuer, plötzlich aufleuchtender Einsicht anerkennt. Faber entwickelt sich nicht stetig von einem Pol zum anderen, sondern steht dauernd in der Spannung zwischen beiden.

Auch wir empfinden die Eintragung von 04.00 nicht als eine befriedigende Lösung, aber aus einem anderen Grunde: Faber sagt jetzt, dass alles falsch war, nicht nur dieser Bericht, sondern auch sein Beruf; er widerruft nicht nur die einseitige Überbewertung der Technik, sondern verfällt in das andere Extrem; schon früher, auf Kuba, kritisiert er wütend den American Way of Life und wiederholt dabei fast wörtlich, was Marcel vor einigen Wochen in Guatemala sagte. *Brief an Marcel. Marcel hat recht.*

Nur um diesen Preis kann sich Faber zum Irrationalismus bekennen und der Spannung Technik – Mystik entkommen. Die Antithese zwischen beiden bleibt ungelöst.

Die ungelöste Spannung zwischen Fabers Ingenieursdenken und der Mystik ist das strukturtragende Element des ganzen Romans. Es geht nicht primär darum, die Wirklichkeit und Macht irrationaler Mächte darzustellen; sie sind die stillschweigende, unbezweifelte Voraussetzung für die Handlungsführung. Es geht vielmehr darum, die Spiegelung dieser Mächte und ihres Wirkens im Bewusstsein eines positivistischen, voreingenommenen Technikers zu gestalten. Die monologische Erzählweise und die Form des Rückblicks mit der Zweisträngigkeit von erzählter Zeit und Erzählzeit bewirken, dass der Vorgang in Fabers Bewusstsein, dieses Ringen zwischen einseitigem Ingenieursdenken und Mystik, zur eigentlichen, tragenden Schicht des Romans wird. Wenn der Autor selbst erzählt hätte, statt die Form des Rollenromans zu wählen, dann hätte dieses Buch nicht an Wert gewonnen, […] sondern etwas Wesentliches eingebüßt. Ein objektiver Erzähler könnte den Vorgang, der sich in Fabers Bewusstsein abspielt, nur von außen darstellen; der Leser wäre dann Betrachter, aber nicht Miterlebender. Die Funktion und Leistung der Ichform besteht darin, dass wir von innen her an Fabers Unruhe, seinen Zweifeln und Zynismen, seinen Ahnungen und Irrtümern, seinen Fortschritten und Rückfällen teilhaben und auf diese Weise unmittelbar erleben, in welcher neuen Schärfe sich das alte Problem von Ratio und Mystik in diesem positivistisch denkenden Ingenieur von 1957 stellt."

Walter Henze: Die Erzählung in Max Frischs Roman Homo faber.
In: Wirkendes Wort 11, 1961

Christian Walther
Ethik und Technik

„Für die Beantwortung der Frage nach den Beziehungen von Ethik und Technik ist es weiterhin erforderlich, diejenigen Faktoren und Kräfte in den Blick zu nehmen, denen die Entwicklung der Technik so viele Antriebe in den beiden letzten Jahrhunderten verdankt. Zweifellos gehören dazu die immer subtiler werdenden Erforschungen der Natur, die einerseits durch den Rückgriff auf bereits entwickelte Technologien vorangetrieben werden, andererseits aber auch wieder durch ihre Ergebnisse in den Bereich der Technik zurückwirken und dort zu technologischen Innovationen anregen. Die Technikgeschichtsschreibung hat sich der hier bestehenden Zusammenhänge und Prozesse in besonderer Weise angenommen. Darüber hinaus ist nun aber ebenfalls nach den Vorstellungen zu fragen, in denen Stellung und Aufgabe des Menschen in der Welt ihren Ausdruck gefunden haben. Es sind hier vor allem das neuzeitliche Freiheitsverständnis, der mit diesem eng verbundene Gedanke von der Herrschaft des Menschen über Natur und Welt sowie bestimmte Konzeptionen glückhaften Lebens in einer von Endzielen geleiteten Gestaltung der Welt, aus denen Einschätzungen und Wertungen der Technik hervorgehen. Sie alle haben stimulierende Wirkung auf die Technikentwicklung selbst gehabt und sollten darum nicht unterschätzt werden. Denn von eben der Technik wurde ja erwartet, dass sie einen wesentlichen Beitrag zur Höherentwicklung der Menschheit leistet, indem sie ein von Belastungen, Einschränkungen und Zwängen befreiteres Dasein ermöglicht. Das hat beispielsweise den Glauben begründet, Techniker seien als „Retter der Menschheit" zu betrachten. Erst heute erkennt man, dass hierin auch eine Überschätzung der Technik angelegt war, die ja den Kern des Technizismus als einer im Grunde unkritischen Technikgläubigkeit ausmacht. Sie wird dem wirklichen Vermögen der Technik nicht gerecht. Dieses aber zur Geltung zu bringen, und damit auch die im technischen Können ebenso gelegenen Probleme zu bedenken wie die, welche sich aus dem Umgang mit seinen Konstruktionen ergeben, muss die Absicht einer zeitgemäßen Technikethik sein. Die geschichtliche Situation selbst und die an ihr sichtbar gewordene Ambivalenz der Technik, die sie als beides erscheinen lässt: als Bedingung des Daseins und zugleich auch als ein Moment seiner Gefährdung, wird so zur Forderung, eine Technikethik auszubilden, von der erwartet werden kann, dass sie und nicht allein die Lösung technischer Probleme die Zukunft bestimmen wird …

Die kompensatorische Funktion der Technik, der Mängelausgleich also, bewirkt allerdings auch eine unbestreitbare Potenzierung menschlichen Vermögens. Kontinente werden trotz bleibender geografischer Entfernung durch Kommunikationstechniken näher aneinandergerückt. Mit Satelliten lassen sich aber nicht nur Telefongespräche und Fernsehsendungen bis in fast jeden Winkel der Erde vermitteln, damit lassen sich auch Überwachungen durchführen. Flugzeuge können nicht nur relativ schnell Menschen und Waren über größere Entfernungen transportieren, sie lassen sich auch zu kriegerischen Unternehmungen gebrauchen. Die vom Menschen angestrebte Herrschaft über Natur und Welt ist janusköpfig. Beides, Segen und Fluch, liegt in der Technik dicht beieinander. An dieser Banalität tritt aber ein entscheidendes Moment hervor: Es ist der mit Technik umgehende Mensch, der entscheidet, welche ihm von der technischen Entwicklung eröffneten Möglichkeiten er nutzen will. Nicht die Technik schreibt ihm vor, ob er sie konstruktiv oder destruktiv einsetzen soll. Aber wenn einmal die Entscheidung gefallen ist, wozu Technik dienen soll, dann stattet sie den Menschen auch mit der Macht aus, seine Ziele zu verfolgen; wobei allerdings, wenn die Entscheidung in eine bestimmte Richtung gefallen ist, eine eigene Entwicklungslogik entstehen kann, die sich unter Umständen einer weiteren menschlichen Kontrolle entzieht."

Christian Walther: Ethik und Technik.
Berlin und New York 1992, S. 5 f. und S. 85 f.

Klausurvorschläge

Bei den folgenden Klausurvorschlägen sind drei verschiedene Aufgabentypen berücksichtigt:
- Textanalyse
- Texterörterung
- Textproduktion

Solche Formen des Umgangs mit dem Roman, die die Schülerinnen und Schüler in den einzelnen Sequenzen kennen gelernt haben, können bei den Klausuren aufgegriffen werden.

Vorschlag 1: *Analysieren Sie die Schilderung von Fabers Flug über die Alpen (S. 211_{19}–213_{26}).*

Je nach den Voraussetzungen des Kurses kann die Aufgabe auch in dreigliedriger Form gestellt werden. Ergänzung zur allgemeinen Formulierung:

1. Ordnen Sie den Auszug kurz in den Erzählzusammenhang ein.
2. Untersuchen Sie die Darstellung von Fabers Lebensgefühl.
3. Bestimmen Sie die Funktion dieser Passage im Kontext des Romans.

Diese Aufgabe setzt die Erarbeitung der Sequenzen 1 bis 5 (S. 4–35) voraus. Wird sie früher gestellt, so sind die Anforderungen an die Selbstständigkeit der Analyse entsprechend höher.

Vorschlag 2: *Analysieren Sie im Vergleich Fabers Reaktion auf die Wüstenlandschaft und sein Erlebnis in Avignon (S. 25_{14}–27_6 und S. 134_1–135_{25}).*

Die Aufgabe ist der dritten Sequenz (S. 18–25) zugeordnet. Sie ist schon nach Abschluss der zweiten Sequenz (S. 10–17) möglich, dann aber mit einem höheren Leistungsanspruch verbunden. Der Vergleich von Fabers Erlebnisverweigerung mit dem Schlüsselerlebnis ist reizvoll, aus Zeitgründen jedoch eher für einen Leistungskurs und weniger für einen Grundkurs geeignet.

Vorschlag 3: *Fassen Sie den Inhalt des Textes von Walter Henze (S. 45) über Max Frischs „Homo faber" kurz zusammen und setzen Sie sich mit seiner Deutung auseinander.*

Der im Anhang als Zusatzmaterial abgedruckte Text ist für eine Klausur nach Abschluss der fünften Sequenz (S. 30–35) gedacht. Zur Vorbereitung der Klausur ist es angebracht, die textgebundene Erörterung als Hausaufgabe einzuüben und das Verfahren der Textwiedergabe, die Technik der Argumentation und die Grundregeln des Zitierens zu wiederholen.

Vorschlag 4: *Während des Aufenthaltes auf Kuba schreibt Walter Faber an Dick, Marcel und Hanna. Verfassen Sie einen dieser Briefe. (S. 187_9–198_{11})*

Diese Produktionsaufgabe ist der fünften Sequenz (S. 30–35) zugeordnet. Sie setzt die Beschäftigung mit der Kuba-Episode voraus; das Lesen der umfangreichen Passage bei der Klausur bedarf deshalb keines großen Zeitaufwands und dient vor allem der Reorientierung. Beim Schreiben der Briefe geht es darum, einerseits Fabers Erfahrungen auf im Kern ähnliche Weise zum Ausdruck zu bringen, andererseits adressatengerecht unterschiedliche Schwerpunkte zu setzen: bei Dick und Marcel die Amerikakritik, bei Hanna die gemeinsame Vergangenheit, die Geschichte Sabeths sowie die Zukunftsvorstellungen des Protagonisten.

Quellenverzeichnis

S. 5   Illustrationen: Volkmar Döring
S. 9   Max Frisch im Gespräch mit Schülern. In: Ossowski, Rudolf (Hrsg.): Jugend fragt – Prominente antworten. Berlin: Colloquium Verlag 1975, S. 121
S. 11   Schülerduden „Die Psychologie". Mannheim: Bibliographisches Institut Dudenverlag 1982, S. 142
S. 11   Beauvoir, Simone de: Das andere Geschlecht. Hamburg: Rowohlt Verlag GmbH 1951, S. 71 und S. 81
S. 13   AP, Frankfurt am Main
S. 13   „Sieben Hügel – Bilder und Zeichen des 21. Jahrhunderts". Berliner Festspiele GmbH
S. 15   Illustration: Volkmar Döring
S. 17   Tempel der Inschriften. Foto: Corbis
S. 17   Aubert, Hans-Joachim: Mexiko.Yucatán Chiapas. Köln: DUMONT Buchverlag 1994, S. 166 f.
S. 19   Knapp, Mona: Moderner Ödipus oder blinder Anpasser? Anmerkungen zum Homo faber aus feministischer Sicht. In: Schmitz, Walter (Hrsg.): Frischs Homo faber. Frankfurt am Main: Suhrkamp Verlag 1983, S. 203 f.
S. 27   Frisch, Max: Tagebuch 1946–1949. Frankfurt am Main: Suhrkamp Verlag 1950, S. 463 f.
S. 29   Die Geburt der Aphrodite. Foto: Museum of Antiquities, Saskatoon, Kanada (www.usask.ca)
S. 29   Medusa Ludovisi. Foto: Museum of Antiquities, Saskatoon, Kanada (www.usask.ca)/Maicar Förlag
S. 29   Triptolemos, Persephone und Demeter. Foto: Universität von Haifa
S. 29   Hermes und Persephone. Foto: Isidora Forrest. Originalrelief im Besitz von Lorain Karol/The Goddess Gallery, Portland, Oregon USA
S. 31   Frisch, Max: Tagebuch 1946–1949. Frankfurt am Main: Suhrkamp Verlag 1950, S. 33 f.
S. 33   Oberndörfer, Dieter: Von der Einsamkeit des Menschen in der modernen amerikanischen Gesellschaft. Freiburg im Breisgau: Verlag Rombach 1958, S. 115 f.

S. 35   Max Frisch im Gespräch mit Schülern. In: Ossowski, Rudolf (Hrsg.): Jugend fragt – Prominente antworten. Berlin: Colloquium Verlag 1975, S. 121 f.
S. 35   Kaiser, Joachim: Max Frischs Homo faber. Frankfurt am Main: Suhrkamp Literatur Zeitung Nr. 5/Mai 1975, S. 1 f.
S. 37   Frisch, Max: Dramaturgisches. Ein Briefwechsel mit Walter Höllerer. Berlin: Literarisches Colloquium 1969
S. 37   Frisch, Max: Am Ende steht das Goldene Kalb. Rede, gehalten am 10. Mai 1986 in Solothurn. In: Obschlager, Walter (Hrsg.): Max Frisch, Schweiz als Heimat? Frankfurt am Main: Suhrkamp Verlag 1990, S. 464 f.
S. 39   Hein, Christoph: Drachenblut. München: Luchterhand Verlag/Sammlung Luchterhand 1985, S. 172 f. und S. 96 f.
S. 40   Illustration: Volkmar Döring
S. 41   Casimir, Torsten: Interview mit Ray Kurzweil. Rheinische Post vom 22. 11. 2000
S. 41   Tenbrock, Christian: Interview mit Bill Joy. Die Demokratisierung des Bösen. DIE ZEIT vom 23.03.2000
S. 42   Beck, Ulrich: Risikogesellschaft. Auf dem Weg in eine andere Moderne. Frankfurt am Main: Suhrkamp Verlag 1986, S. 198 ff.
S. 42   Schenk, Herrad: Die Befreiung des weiblichen Begehrens. Köln: Verlag Kiepenheuer & Witsch 1991, S. 254 ff.
S. 43   Lubich, Frederick A.: Max Frischs Stiller, Homo faber und Mein Name sei Gantenbein. München: Verlag Wilhelm Fink GmbH & Co. 1990, S. 78 ff.
S. 44   Timm, Uwe: Der Schlangenbaum. Köln: Verlag Kiepenheuer und Witsch 1986, S. 140 f. und S. 225 f.
S. 45   Henze, Walter: Die Erzählung in Max Frischs Roman Homo faber. In: Wirkendes Wort Nr. 11/1961
S. 46   Walther, Christian: Ethik und Technik. Berlin und New York: Walter de Gruyter Verlag, de Gruyter Studienbuch 1992, S. 5 f. und S. 85 f.

Wissenschaftliche Literatur

Schmitz, Walter (Hrsg.): Frischs Homo faber. Materialien. Frankfurt am Main: Suhrkamp Verlag 1983
Leber, Manfred: Vom modernen Roman zur antiken Tragödie. Interpretation von Max Frischs Roman Homo faber. Berlin und New York: Verlag Walter de Gruyter 1990
Lubich, Frederick A.: Max Frischs Stiller, Homo faber und Mein Name sei Gantenbein. München: Wilhelm Fink Verlag 1990

Schuhmacher, Klaus: „Weil es geschehen ist". Untersuchungen zu Max Frischs Poetik der Geschichte. Königstein/Ts.: Hain Verlag 1979
Wiener, Norbert: Mensch und Menschmaschine: Kybernetik und Gesellschaft. Frankfurt am Main: Athenaeum Verlag 1964

Unterrichtshilfen

„deutsch betrifft uns": Homo faber von Max Frisch. Aus der Werkstatt eines Dichters 4/1993. Aachen: Bergmoser und Höller Verlag 1993
Eisenbeis, Manfred: Max Frisch. Homo faber. Stuttgart: Ernst Klett Verlag 1989
Junge, Gerhard: Homo faber – oder: Ein Mann wird geknackt. In: Diskussion Deutsch, Heft 83. Frankfurt am Main: Verlag Diesterweg 1985
Kerber, Helmut: Max Frisch, Homo faber (CD). München: Park Körner, Verlag für digitale Unterrichtsvorbereitung

Meurer, Reinhard: Max Frisch, Homo faber. München: Oldenbourg Verlag 1988
Müller-Salget, Klaus: Max Frisch, Homo faber. Erläuterungen und Dokumente. Stuttgart: Reclam Verlag 1992
Peren-Eckert, Almut und Greese, Bettina: Max Frisch, Homo faber. Unterrichtsmodell. Paderborn: Schöningh Verlag 2000
Viehoff, Reinhold: Max Frisch für die Schule. In: Der Deutschunterricht 36. Seelze: Friedrich Verlag 1984